SFからイノベーションを生み出す新戦略

SFプロトタイピング

宮本道人＝監修・編著　難波優輝｜大澤博隆＝編著

早川書房

ＳＦプロトタイピング

――ＳＦからイノベーションを生み出す新戦略

はじめに

宮本道人＋難波優輝＋大澤博隆

「予想外」の未来を予想する

SFプロトタイピング……それはサイエンス・フィクション的な発想を元に、まだ実現していないビジョンの試作品＝プロトタイプを作ることで、他者と未来像を議論・共有するためのメソッドである。近年ビジネスの現場で脚光を浴び始めており、すでに様々な領域で実践されている。

SFプロトタイピングで作られるプロトタイプには、

1. **ガジェットを介した未来の具現化：** 未来社会の変化を象徴するガジェット（製品・街・社会制度など）が登場すること
2. **キャラクターからの具体的な眺め：** 抽象的な視点ではなく、特定の性格や意志、感情を持ったキャラクターの視点から、ガジェットのもたらす影響が考察されること
3. **プロットによる動的なシミュレーション：** 断片的なシナリオにとどまらず、キャラクターたちの意識や社会状況が時間経過にともない変容してゆくプロセスを描くこと

などの特徴があり、それらが「ＳＦ」という名前を冠している理由である。

ＳＦプロトタイピングは「バックキャスティング」的な方法である。「バックキャスティング」とは、先に起こる出来事を考えてから逆算して今を考えることを意味する。対義語は「フォアキャスティング」だ。フォアキャスティング的な未来予測は、これまで多くの企業が行ってきたことの一つで、現在の科学技術や社会状況から演繹《えんえき》し、実現する確率の高い未来を想定してゆくものである。しかしこの方法では、斜め上の未来は想像しにくい。先にＳＦ的なビジョンありきで、それを成立させるための技術や、そこに対する対応策を探っていったほうが、ＶＵＣＡ（変動性 Volatility、不確実性 Uncertainty、複雑性 Complexity、曖昧性 Ambiguity）の時代と言われるいま、ほかにない独自の強みを得られるのだ。

だがいったい、ＳＦプロトタイピングとは具体的にどんな営みで、どこでどのように行われているのか？

その可能性と力にもかかわらず、ＳＦプロトタイピングの全貌はなぜかまとめられてこなかった。ゆえに、それが自分と関係するようなものと感じている人は少ないかもしれない。

しかし、ＳＦプロトタイピングは、実は誰にでも関係し得るものだ。

一つ、ここで問いかけてみよう。コロナ禍を考えてほしい。あなたはそれを予想できただろうか？

「ウイルスで誰もが家に籠《こ》もってリモートワークに明け暮れる未来が突然来るかもしれない」などとコロナ以前に主張していた人がいたら、「そんなこと有り得ないのでは？」と一笑に付していたのではないだろうか。

一方ＳＦのなかには、コロナ禍的な状況を予測できていたものがしっかりとある。１９５６年にアイザック・アシモフによって書かれたＳＦ小説の古典『はだかの太陽』では、ウイルス感染を恐れて自宅に引きこもりリモート通話でコミュニケーションを取って暮らしている人類の姿が描かれている。もっと最近の例では、２０１０年に高嶋哲夫によって書かれたシミュレーション小説『首都感染』で、都市封鎖をしてパンデミックに立ち向かう人々の姿が描かれている。

もし実際にそのような状況を想定して動けていたら、例えば巣ごもり需要を見越した商品を開発したり、組織を在宅勤務しやすい状態にいち早く整えたりして、あなたはいま大成功できていたかもしれないし、大勢の人がそれに助けられていたかもしれない。未来予測とはそういうものだ。実際のところ、その予測がＳＦ的か現実的か、なんて区分けは、後になってみないとほとんどわからない。

未来は常に不確定で、ゆらいでいる。蓋然性の高い未来を常に想定しているだけでは、突如として訪れる大きなゆらぎに対処することはできない。

誰かの予想した未来像を鵜呑《うの》みにするのではなく、自ら「予想外」の未来を予想する。そうすることで、斜め上の社会変化が起きたときに生き抜くことができる。それが、ＳＦプロトタイピングがすべての人にとって意味をもつ理由なのだ。

空想の世界には自由がある

ビジネスパーソンにとって特にＳＦプロトタイピングが役に立つのは、事業や製品を新たに創り出すような局面だろう。社内でプロジェクトを企画し、人材とリソースを回してゆく際には、いままで与えられてきた課題をこなすのではなく、これから進むべき道を決め、チームを動かす必要がある。もちろん大前提として地道な分析は重要だが、確実な未来は存在しない。「こうなるだろう」ではなく「こうなりたい」という未来像を考えるように、思考法を切り替えなければならない。そんなミッションを背負ったあなたにとって、ＳＦプロトタイピングがもたらす予想外の思考のジャンプ力は強い武器となる。

また、こうした思考のジャンプを、独りよがりではなく皆で協力して進めるためにも、ＳＦプロトタイピングは役に立つ。社内で自分の意見を通すのは難しい。おそらくあなたの社内には様々な専門家がいて、様々な価値観や意見を持っている。あなたのチームには優秀な人材が眠っているかもしれないが、社内の様々な圧力で、そうした人々の意見を十分に掘り出せないこともある。

そんなときに、ＳＦプロトタイピングを介した議論が効果を発揮する。空想の世界には自由がある。「フィクション」であれば、誰もが枷《かせ》を外して新しいアイデアを発言し、コミュニケーションしやすくなる。また、物語の世界の登場人物たちの気持ちに寄り添えば、その登場人物たちをなんとか救い出すアイデアも湧きやすくなる。あなたのチームを活性化させること、それが、ＳＦプロトタイピングのもう一つの利点である。

自分が作家でないことなど気にしなくていい。場合によってはＳＦ作家の手助けを借りてもいいのだ。最終成果物は作品ではない。あなたの企画だ。アマチュア上等、見様見真似で気軽にいけばいい。作品を作るプロセスから、未来をみんなで考えること、その力を養うこと、それがＳＦプロトタイピングの価値である。

SFが生んだイノベーション

SFプロトタイピングの可能性をもう少し知ってもらうために、そもそもSFとは何かを簡単に話そう。

「SF」と聞いてあなたが思い浮かべるイメージは何だろうか？

宇宙人、光線銃、アンドロイド、空飛ぶクルマ……荒唐無稽なものから比較的現実的なものまで、なんとなく未来っぽさのあるガジェットを思い浮かべる方が多いかもしれない。もちろん、それも間違いではない。しかしSFとは、単に技術を描くジャンルではなく、何よりも「スペキュラティブ」なものだ。スペキュラティブとは「思弁的」の意味で、現状の社会のリアルを描くだけではなく、現実から外れた未知を、そして、価値を思い描くことを意味する。

例えば、空飛ぶクルマを描く際、その機能を想像するだけではなく、それが社会、生活、倫理に与える影響と変容した世界を思弁＝スペキュレイトすること。それがSFのSFたるゆえんなのだ。

SFの歴史を遡《さかのぼ》れば、最初にSFという文学ジャンルを世にもたらしたのは、ヒューゴー・ガーンズバックという編集者／技術者であった。ガーンズバックは「サイエンス・フィクション」という名称を生み出し、科学者にインスピレーションを与え、科学のイメージと魅力を一般に共有するための物語を掲載する雑誌『アメージング・ストーリーズ』を１９２６年に創刊。以降ＳＦはサブカルチャーの中で生息域を拡大していくのだが、そこに徐々に文学的な流れが入り込み、現実の資本主義への批判や、技術そのものへの警鐘、技術とわたしたちの関係を批評する物語がＳＦの力強い流れを創り、現在に受け継がれてゆくことになる。そのなかで、コンピュータとネットワークの価値に早くから注目していた「サイバーパンク」といったサブジャンルが登場したり、ＳＦという頭文字が「スペキュラティブ・フィクション」として解釈されるようになったりして、ＳＦは大きな市場と一定の社会的地位を確立するのである。

　このようなＳＦの特性は、これまで様々な形でイノベーションに影響してきた。

　例えば、ロケット工学の基礎を築いたロシアの研究者コンスタンチン・ツィオルコフスキーはＳＦ作家でもあり、「ＳＦの父」とも呼ばれるフランスの作家ジュール・ヴェルヌの小説『月世界旅行』から影響を受けていた。例えばアイザック・アシモフが小説内で示したロボット工学三原則は、様々なロボット工学者に影響を及ぼした。そういった例は、枚挙にいとまがない。

　より最近では、人工知能（ＡＩ）の技術的特異点（シンギュラリティ）の概念が好例である。シンギュラリティとは、ＡＩが発展して賢くなり、技術やサイエンスの担い手が人間からＡＩになると、技術の発展に不連続で予測不可能な段階が出るという考え方で、未来学者《フューチャリスト》レイ・カーツワイルが唱えて一躍有名になった。しかしこれはカーツワイルが単独で考えたわけではなく、ヴァーナー・ヴィンジというSF作家と共同で作った概念である。

また、大企業でなく消費者自身が製品を作ってゆく「メイカームーブメント」は、米技術誌『WIRED』の元編集長クリス・アンダーソンが『MAKERS』という著作を書いたことで広く普及した概念だが、アンダーソンは同著の冒頭で、SF作家コリイ・ドクトロウの同名の著作『Makers』への謝辞を寄せ、その影響について記述している。

日本でも、ドラえもん、鉄腕アトム、星新一のショートショートなどに影響されて実業家・研究者・技術者になったという人は多い。ソフトバンクグループ会長兼社長の孫正義は、Pepperを「世界初の感情を持つロボット」として売り出したとき、自身への鉄腕アトムの影響を述べている。

これらはSFが直接的に技術イノベーションに貢献している例だが、一方で、SFには社会の価値観を大きく前進させる力もある。ここではその一例として、女性の社会活躍への影響を挙げよう。

例えば、宇宙飛行を行った初めてのアフリカ系アメリカ人女性であるメイ・ジェミソンは、キャリア選択においてTVドラマの〈スタートレック〉シリーズのウフーラというキャラクターに影響を受けたことを明らかにしている。ウフーラは、アメリカのTVドラマ界で、初めてメインキャラクターとして活躍したアフリカ系女性キャラクターである。

ほかの例では、女性の尊厳が侵害されるディストピアを描いたマーガレット・アトウッドの小説『侍女の物語』にも触れておきたい。この本が書かれたのは1985年だが、2017年にドラマ化された際、本作は大きな話題を呼んだ。"Me Too"運動や反トランプ運動と重なり、ムーブメントの一部となったのだ。女優のエマ・ワトソンがこの本をパリの様々な場所に100冊隠し、そのことをツイートするといった活動を行ったこともあった。

SFを積極的に利用する

こうしたSFが生み出す発想力を、より積極的に利用しようとする試みが「SFプロトタイピング」であると言えよう。この単語を明確に使い始めたのは、インテルに所属する未来学者、ブライアン・デイビッド・ジョンソンである。ジョンソンが2011年の著書『インテルの製品開発を支えるSFプロトタイピング』の中でこの概念を紹介して以降、似たようなフレームで行われる取り組みが、広くSFプロトタイピングと呼ばれるようになっていった。

SF活用の意義を早くから認知した層としては、コンサルティング業界、軍事業界、学術業界などが挙げられる。アメリカでは、2012年にSFを用いたコンサルティングを行うSciFuturesという会社が立ち上げられた。SF活用の意義を早くから認知した層としては、コンサルティング業界、軍事業界、学術業界などが挙げられる。アメリカでは、2012年にSFを用いたコンサルティングを行うSciFuturesという会社が立ち上げられた。学術方面では同年、カリフォルニア大学サンディエゴ校にアーサー・C・クラーク人類想像力センターが創設されている。『2001年宇宙の旅』などで知られる著名なSF作家クラークの遺志を継ぎ、SF的想像力を育て実社会に応用することを目的とした研究組織だ。軍事方面では、2016年にアメリカ海兵隊戦闘研究所がSFワークショップを開催したり、2018年にフランス陸軍が、未来予測のためにSF作家を雇い「RED TEAM」を結成したりしている。

特に近年、ビジネス界からのSFへの注目度を押し上げた要因の一つに、中国の小説『三体』の大ヒットがある。バラク・オバマやマーク・ザッカーバーグといった著名人がこぞって絶賛したこともあって『三体』は世界的に知られるようになり、それまでSFに馴染みがなかったビジネスパーソンまでが手に取るようになった。中国国家はそこにSFの勝機を見出し、現在、SF産業に大きな力を入れている。例えば、世界のSF関係者・ファンが一同に介するイベント「ワールドコン（世界SF大会）」に政府支援で作家や政治家を参加させたり、「SF都市宣言」を行った四川省・成都の未来像を描くSFコンテストを開催したり、『三体』の著者である劉慈欣を火星探査プロジェクトのイメージ大使に任命したりといったことである。SFプロトタイピングはビジネスだけでなく、国家・行政にも関係し得る。

もっとも、SF的発想を実用しようという考えは、海外だけでなく日本においても古くからあった。1970年の大阪万博では、三菱未来館などの個別のパビリオンに対する多数のSF作家の参画に加え、万博全体のビジョナリーアドバイザー、コンサルタントに近い立場で、SF作家の小松左京が参加している。小松はもともと、大阪で万博が開かれるのを契機として、日本の未来を考える勉強会を自発的に開催していたが、のちにこの勉強会が、万博の思想的リーダーに位置づけられていく。小松はジャーナリズムに強い関心があった作家であり、『日本沈没』『復活の日』など、その小説は同時代のSFの中でも、特にシミュレーショナルな側面が強い。その後、小松は未来学という学問領域を提案し、SFを未来予測に使うことを提案している。

SFプロトタイピングの種々の方法論を一望する

本書はこのようなSFプロトタイピングの可能性を一望することで、あなたがこれからSFプロトタイピングを実践し、未来を想像していくための地図を提供する。

ここまで見てきたように、SFプロトタイピングには様々な種類の試みがあり、一つの確立した方法論があるわけではない。また、そもそもSFプロトタイピングというジャンル自体、これから開拓してゆく段階にあるため、一つ一つのプロジェクトの中で新しい方法論が次々に生み出されている。それらの試行錯誤をバラバラにせず、一つにまとめていこうというのが、本書の目標である。

そこで本書では、コンサルタント、起業家、作家、編集者、アーティスト、キュレーター、研究者など、これまで様々な立場でSFプロトタイピングを実践してきた方々にお話を伺った。あわせて、筆者ら自身がSFプロトタイピングを研究・実践してきた中で得た知見を論考としてまとめるとともに、SFプロトタイピングの事例、参考になるフィクション作品、ノンフィクション作品の紹介・マッピングを行った。


本編に入る前に、筆者らとSFプロトタイピングの関係も簡単に説明しておこう。

宮本道人は、科学と文学の組み合わせの新しい可能性を追求してきた科学文化作家・応用文学者である。「対震災実用文学論　東日本大震災において文学はどう使われたか」(『東日本大震災後文学論』所収)など、フィクションの実用を研究している。自ら漫画原作などを執筆する作家でもあり、これまで様々なSFプロトタイピングプロジェクトに作品制作者・コーディネーター・専門家といった立場で参加してきた。

難波優輝は、「未知のものへの想像力」や「他者の理解」といった関心からSFの可能性を研究している美学者である。自身も企業とのSFプロトタイピングプロジェクトで作品を制作、理論と実践の両面からSFプロトタイピングの分析を行っている。

大澤博隆は、筑波大学にて人間と人工知能システムの社会的相互作用「ヒューマンエージェントインタラクション」を研究している研究者である。「想像力のアップデート：人工知能のデザインフィクション」と題した研究プロジェクトで人工知能技術とSFとの相互の影響について調査しているほか、三菱総合研究所と共同で「SF思考学」の研究を進めている。学会誌『人工知能』『情報処理』でSF短篇に関わる企画なども扱ってきた。

この三人が、これから読者の皆さまをSFプロトタイピングの世界へ連れてゆく案内役だ。本書の制作は、我々にとって、SFプロトタイピングという広大な領土を巡る驚異の旅だった。そこで出会ったのは、SFプロトタイピングに流れ込む偉大な源流たちと受け継ぐべき財宝であり、現在に広がるSFプロトタイピングの豊かな生態系とそれぞれの試みのユニークな姿だった。

旅から戻った我々は、SFプロトタイピングの地理と風土をいっそうクリアに把握できるようになった。同時に、まだ見ぬ土地、鬱蒼《うっそう》と茂る可能性が無数に存在すると予感している。

我々はただ皆さまに伝えるほかない。SFプロトタイピングは世界を変える、と。その理由は以下の章を読んで頂ければ必ずわかって頂けるものと思う。

本書は現時点での我々が皆さまに提示するSFプロトタイピングの最前線の調査記録であり、同時に、皆さまが我々のずっと先、未知の領域へ進むための地図である。

それでは、SFプロトタイピングをめぐる驚異の旅を始めよう。

目次

第3章 SFプロトタイピングが世界を変える

第1章

妄想力と「本当のイノベーション」
——SFプロトタイピングの効果

ビジネスの現場ではどのようにSFプロトタイピングが行われていて、どのような効果をもたらしているのだろうか。製品開発からビジョン策定、組織変革まで、SFの想像力が役立つ領域は実に広い。

座談①では、佐宗邦威氏と藤本敦也氏にお話を伺った。

佐宗氏は株式会社BIOTOPEのCEO、戦略デザイナーとして、企業のミッションビジョンや戦略、組織文化などの無形の価値をデザインする戦略デザインコンサルティングを行っている。著書『VISION DRIVEN 直感と論理をつなぐ思考法』のなかではデザイン思考・戦略思考・カイゼン思考といった思考法を整理し、自身の提唱する「ビジョン思考」の方法論を紹介している。ビジョン思考は、従来の課題解決型のアプローチではなく、個人の「やりたいこと」をもとに発想を広げていく思考であり、SFプロトタイピングと共通するポイントも多い。

藤本氏は日本を代表するシンクタンク、株式会社三菱総合研究所の経営イノベーション本部シニアプロデューサーである。本書の編著者の宮本・大澤らとともに、三菱総合研究所50周年記念研究の一環として共同研究を行い、「SF思考学」を提唱。実際に社内でのビジョン共有と、社外企業の新規事業等へのコンサルティングを行っている。研究開発したSFプロトタイピングのフレームワークやその実践例については、『ビジネスとしてのSF思考（仮題）』にまとめられ、本書の刊行から時を経ずしてダイヤモンド社から刊行される。

座談②では、岡島礼奈氏と羽生雄毅氏にお話を伺った。

岡島氏は人工流れ星事業「Sky Canvas」を行うベンチャー企業ALEを起業し、CEOを務めている実業家である。ALEは「科学を社会につなぎ　宇宙を文化圏にする」をミッションに掲げ、人工衛星を使い世界初の人工流れ星を創ることを目指している。この技術をエンターテインメントとして用いると同時に、基礎科学の発展を目指していることも大きな特徴だ。人工流れ星を題材にしたマンガを公開するなど、科学コミュニケーションにも力を入れている。

羽生氏は細胞を組織培養して生産する食肉「培養肉」の開発を行うベンチャー企業、インテグリカルチャーのCEOである。会社を立ち上げるずっと前から、自身のビジョンをSF的なストーリーやCGによって紹介したり、同人誌で研究発信をしたりするなど、サブカルチャーを通した科学コミュニケーションを行っていた。そのなかで有志団体「Shojinmeat Project」を立ち上げ、DIYバイオ文化を通して培養肉開発を社会に開く活動を行う一方、掲げたビジョンを実現すべく起業にいたった。2016年の著書『OTAKUエリート――2020年にはアキバカルチャーが世界のビジネス常識になる』では、オタク文化がビジネスに活かせることを指摘している。

二つの座談会のあとに、大澤博隆による論考を掲載した。これは、三菱総研との共同研究「SF思考学」の結果の一部であり、SFプロトタイピングを新人研修に用いた際にどのような効果があったかを分析したものである。

以上を通し、SFプロトタイピングの効果を認識して頂ければ幸いである。

座談 1

未来のつくり方

ゲスト

佐宗邦威

株式会社BIOTOPE代表／
チーフ・ストラテジック・デザイナー

×

藤本敦也

三菱総合研究所
経営イノベーション本部
シニアプロデューサー

【ゲストプロフィール】

佐宗邦威（さそう・くにたけ）

1980年生まれ。株式会社BIOTOPE代表／チーフ・ストラテジック・デザイナー。大学院大学至善館准教授／多摩美術大学特任准教授。東京大学法学部卒業、イリノイ工科大学デザイン研究科（Master of Design Methods）修了。P&Gマーケティング部で「ファブリーズ」「レノア」などのヒット商品を担当後、「ジレット」のブランドマネージャーを務める。その後、ソニーに入社。同クリエイティブセンターにて全社の新規事業創出プログラム立ち上げなどに携わる。ソニー退社後、戦略デザインファームBIOTOPEを起業。BtoC消費財のブランドデザインやハイテクR&Dのコンセプトデザイン、サービスデザインプロジェクトが得意領域。デザイン思考を活用した商品・サービス開発、個人のビジョンを駆動力にした創造の方法論にも詳しい。著書に『VISION DRIVEN　直感と論理をつなぐ思考法』『世界のトップデザインスクールが教える デザイン思考の授業』など。

藤本敦也（ふじもと・あつや）

1980年生まれ。株式会社三菱総合研究所 経営イノベーション本部 シニアプロデューサー。東京大学大学院新領域創成科学研究科修士課程修了。ESADEビジネススクール（バルセロナ）MBA（2016年）。2006年、三菱総研に入社。専門は新規事業開発、組織戦略（経営統合等）。ブレインテックなどの先端技術を活用した新規事業から、ペットビジネス、シニアビジネスなど多岐にわたるコンサルティングサービスを展開。技術・マクロトレンドと人・社会の変容を織り交ぜた、未来社会像構築も多数実施。探究学習を柱とした教室「探究学舎」を運営する株式会社ワイズポケットの創業メンバーでもある。

意志がなければ未来はない

難波　三菱総研さんでは「ＳＦ思考」というキーワードを出されていますが、どのような取り組みをされているのでしょうか？

藤本　大きく社内向けと社外向けの取り組みに分かれます。社内では主に、三菱総合研究所50周年記念研究として「50年後の未来の社会をどうつくるのか？」を考え発信するべく、社内メンバーを中心とした研究に加え、作家の方とともにワークショップをして、具体的な未来図を出し、社内の上層部に未来のイメージを掴んでもらうということをしました。最初は上層部から「君たちの言っていることはわからない」と言われたりしたんですが、つくった小説を読んでもらって話していくうちに、その小説に対する賛否はあるものの、こちらの言いたいことはわかってもらえるようになる。それをもとに、空中戦ではない議論ができたというのが、社内におけるＳＦ思考のひとつの成果になります。

社外向けの取り組みとしては、ＳＦワークショップを活用した未来作成のコンサルティングサービスを始めています。「自分たちの技術を社会に導入したらどうなるんだろう？」「それでユーザーはどう変わるのだろう？」ということをクライアントとともに描き、未来の社会を一緒につくっていくのがメインの取り組みとなります。

難波　SF作品をつくるのがゴールではなく、SFを使って社内や社外でコミュニケーションをつくっていくことを考えられていると。

藤本　そうですね。やっぱり作品そのものの好き嫌いは当然あるんですけど、大事なのは作品をつくったあと。SFを共有することで、議論の土台ができることがいちばん大事だと思っています。

難波　SFプロトタイピングという手法を選択する価値や意義について伺いたいのですが、SFプロトタイピングと現行のデザイン思考★などのアプローチでは、どのような違いがあるとお考えでしょうか？

藤本　私がこれまでやってきたマクロトレンド分析やシナリオプランニングという手法は積み上げ型で考えるものなので、確実度は高い一方、あまり面白いアイデアが出てこないんですね。言い換えれば、「跳んだ発想」がない。例えば、感染症がすごく流行って、みんながテレワークするような社会が訪れることをそれらの手法を用いて予言した人はいない。パンデミックが起きることを想定したとしても、普通は徐々に移動が少なくなっていくよねとか、地方に住む人が若干増えるんじゃないかとか、遠隔医療が進みますとか、「それはそうだよね」という未来しかつくれ

デザイン思考
デザインの手法をビジネス上の問題解決に活用する考え方。ユーザー視点や試作品づくりを特徴とする。

ないわけです。

そうしたありきたりの未来図をもとに会社のなかで新しいことをする力が出るかというと、出ないんですよね。自分たちがつくりたい未来じゃないから、will（意志）もなければ面白くもないと。このような手法と比較して、いままではつくれなかった非連続で、かつ意志が込められた未来をつくっていけるのがＳＦ思考のポイントのひとつです。

またデザイン思考との違いとして、いちばん大きいと思うのは時間軸ですね。20〜30年といった長いスパンを見ていくのが、ＳＦ思考の面白いところ。例えば研究所では10〜20年後を考えて研究テーマを考えることがよくありますが、そのときにいまのユーザーのニーズを見ているだけではテーマはつくれないので、10〜20年後のニーズを見なければいけません。そうした課題に対して、ＳＦ思考は応えることができると考えています。

また考える時間軸が長くなるので、必然的に他の領域の変化も考慮しなければいけません。例えば、ベーシックインカム★が導入されるのかどうかとか、そうした社会全体の世界観をつくっておかないと未来のユーザーや課題を想像できないところがある。そのあたりが従来の手法と違うのかなと思っています。

難波　三菱総研さんが未来のトレンドを摑むためのアプローチとして、ＳＦ思考に

ベーシックインカム
人が生活するうえで最低限必要となる所得を保障するため、すべての個人に無条件で現金を配布する制度。

着目することになった経緯についても教えてください。

藤本　50年後の未来となると予測するのは無理なので、別に予測できなくてもいいんです。それよりもむしろ、「こういうふうにしたい」という意志をいかに生み出していくのかが大事になります。私の経験から言っても、企業のなかで新規事業など新しいことを行うときに「自分たちがこういうふうに変えたい」とか「自分はこの課題を解決したいんだ」という意志がないと実現されることはない。その意志をもって、かつ自分のやりたい未来をちゃんとつくっていくための手法がなかなかないと思っていたんですね。そうやってずっと悩んでいた頃にアリゾナ州立大学で行われているSFプロトタイピングの話を聞き、これが当てはまるんじゃないかと。いままでのSFプロトタイピングの手法を参考にしつつ、ビジネスでも使いやすくするために、未来の産業や新しい弱者の視点などを取り入れた、解像度高く未来を描く手法を宮本先生・大澤先生と開発してきました。

その手法を使って、まずは自分たちの50年後の未来図をつくるところから始めたんですが、たまたま周りの上司にもSF好きが何人かいてですね、そういう人たちのバックアップもあって比較的話がうまく進み、新人研修や研究開発でも使い始めています。

迷子の人類には新しいビジョンを

宮本　佐宗さんは「ビジョン・ドリブン」をテーマに本を書かれていますが、あらためて、なぜいまビジョンを考えることが大事なのかをお伺いできればと思います。

佐宗　ポイントになるのは、人類がいまどういうフェーズにいるのかということです。文明が進化し続けるなかで、20世紀までは人類の文明の進化の方向性がありました。例えば、一人当たりの暮らし向きが物質的に豊かになることで、豊かさが広がり世界全体で貧困が減っていくという資本主義・グローバル市場の人類共通の大きな物語があり、その進化の軸のなかでどれだけその豊かさを早く実現するかという視点で未来を考えるのが、これまでの常識だったと思います。いまよりも未来の方が、より幸せであることに疑いはなく、「What＝向かう先」が明確なので「How＝そこに向かうための手段」を頑張ってやればよかった。

しかし21世紀になり、先進国が成熟するなかで、進化の方向性が自明じゃなくなったのがいまの状況だと思うんです。かたや、成熟国家のなかでは幸せの基準は多様で、一つの方向性の進化はありえない。そのうえに、いま言った資本主義・グローバル経済が持続可能性を脅かしているなかで、豊かさの再定義も迫られている。僕らはいままで、自分たちの繁栄を外の資源を取り込むことで実現するという、ある種の搾取構造（外部不経済）のなかで成長してきたことに気づいてしまったのがいまの時代なのだと思います。それでも人類としては、どこかには進まないと不安だし、その方向が欲しい。したがって、あらためて幸せとは何か、豊かさとは何かを定義し、「どこに向かうか？」というビジョンを明確化する必要性がより切実になってきたのが、いまの僕らの現在地なのだと思います。

するとし、「何が僕らにとってうれしいのか？」という幸せの軸を合意していく必要がある。だからこそいま、ビジョンが大事になっているのだと考えています。目の前の問題解決も、イノベーションももちろん大事だけど、「そもそもイノベーションの先にある目的はなんだっけ？」、「それって僕らにとっていい方向なんだっけ？」ということを考え、社会に提起し、時にはぶつかり、合意をしていく。こうした社会の合意プロセスを経なければいけないフェーズにいるというのが、いろんな企業や個人がビジョンを発信する必要性が生まれている背景なのだと思っています。

宮本　イノベーションの先を考えないといけないというのは、その通りだと思いました。そのうえで、佐宗さんが提唱している「ビジョン思考」とはどのようなものでしょうか？

佐宗　ビジョン思考とは、僕たちがいま生きる世界を見る際に、自分なりのつくりたい未来を投影するフィルターのようなものだと思っています。未来という、「いまはないもの、形になっていないもの」は、目に見えないし、目に見えないものを考えるのはすごく難しいことじゃないですか。でもビジョンをもっている人というのは、普通の人が見えている世界とは違う世界を、まるでMRグラス★のように重ね合わせて見ることができる。そうした未来を見るためのフィルターをつくることが、『VISION DRIVEN 直感と論理をつなぐ思考法』（ダイヤモンド社）で書いた方法論になります。

その方法論では、「妄想」→「知覚」→「組み換え」→「表現」というプロセスを通して自分の妄想を形にしていきます。自分の内面にあった「本当はこうしたいかもしれない」という妄想やワクワクをスケッチし、絵のモチーフをつけ、最終的にはアートのようなかたちで誰かに見せていく。それをもとに対話をし、時には物語にしてみる。そうすることによって、自分が良かれと思ってつくっているビジョンが他の人からはどう見えるのか、客観的な視点を通して自分の「好き」や「こだわり」がわかってきます。また絶対的な善というものがないなかで、そのビジョンが誰にとっては善で、誰にとってはそうでないのか、自分のビジョンが社会のなかでどのような立ち位置にあるのかも見えてくるでしょう。

このように個人がビジョンのアーティストになれば、先の読めない複雑な世の中

MRグラス
MR（Mixed Reality、複合現実）の技術を利用し、仮想の映像や情報を現実空間に重ね合わせて表示することができるウェアラブルディスプレイ。

においても、似た絵を見ている人たちが同じ方向に進むことでビジョンを現実に近づけることができる。複雑な未来と向き合ううえでは、自分たちが得たい現実を引き寄せていくためのコミュニケーションツールをつくることが必要というのが、僕が『VISION DRIVEN』で考えていることになります。

宮本　そのビジョン思考のツールを使って、BIOTOPEさんはデザインファームとしてどのような形で企業さんとかかわられているのでしょうか？

佐宗　最近はとくに、スタートアップのビジョンづくりや、大企業のミッション・ビジョンの再定義を中心にした経営戦略のデザインをお手伝いすることが多いですね。スタートアップだと、資金調達をするときなどいまの事業の先を考えないといけないタイミングで、何を大事にしてどこに優先順位を置くかを決めることが求められます。それをチームで合意しながら、社外のパートナーを含めて方向性を共有するためのツールとして、ビジョンをつくっていかなければいけません。

一方で大企業の場合は、最近だとSDGs★やESG投資★をするうえで、何に優先順位を置くのかを明確にすることが求められます。それは数字で評価しにくいものなので、「自分たちはここに決めて投資をする」という主観が必要になる。そうした意志を込めるプロセスのなかで、なぜやるのかを議論するためのツールとしてビジョンを描くことが必要になってきます。この場合はビジョンに加えて、それを実

SDGs
2015年9月の国連サミットで採択された、持続可能な開発目標(Sustainable Development Goals)。地球環境を保護し、すべての人が平和と豊かさを享受できるより良い世界を目指すために2030年までに実現すべき指標。17のゴール・169のターゲットで構成される。

ESG投資
環境(Environment)、社会(Social)、企業統治(Governance)に配慮している企業を重視・選別して行う投資。

行する組織能力という視点も必要で、企業のミッションや組織文化の変化を含めたストーリーをつくることが多いです。

難波　ビジョン思考の手法を使ってアウトプットをするときの方法は、どのように決めているのでしょうか？

佐宗　アウトプットの形は目的によって変わってくると思います。会社のなかで自分たちが望みたい未来を提示して、ビジョンを組織の方向性を動かしていくための動力源にしていくような目的だと、ワクワクするようなありたい未来の物語を、冊子や社内イントラで出していくのが合っていますね。また、いまの常識に対して「これでいいんだっけ？」と疑問を投げかける場合は小説のようなフォーマットが合いますし、株主や一般消費者が理解しやすいものをつくりたいなら絵や写真ぐらいがちょうどいいと思います。

例えば、人工流れ星の事業をやっているＡＬＥというスタートアップのビジョンづくりをお手伝いしたときは、２０３０年以降、人類が宇宙に行けることがベースになったときの物語を1枚の絵で表しました。当たり前のように宇宙で暮らせる時代には、水も酸素もない環境で農業をやることが地球の持続可能性を高めていくノウハウにもなるかもしれないとか。また宇宙という場でゼロから文化をつくっていくことで、地球で争っていることが本質なのかどうかと問うような新しい哲学が生

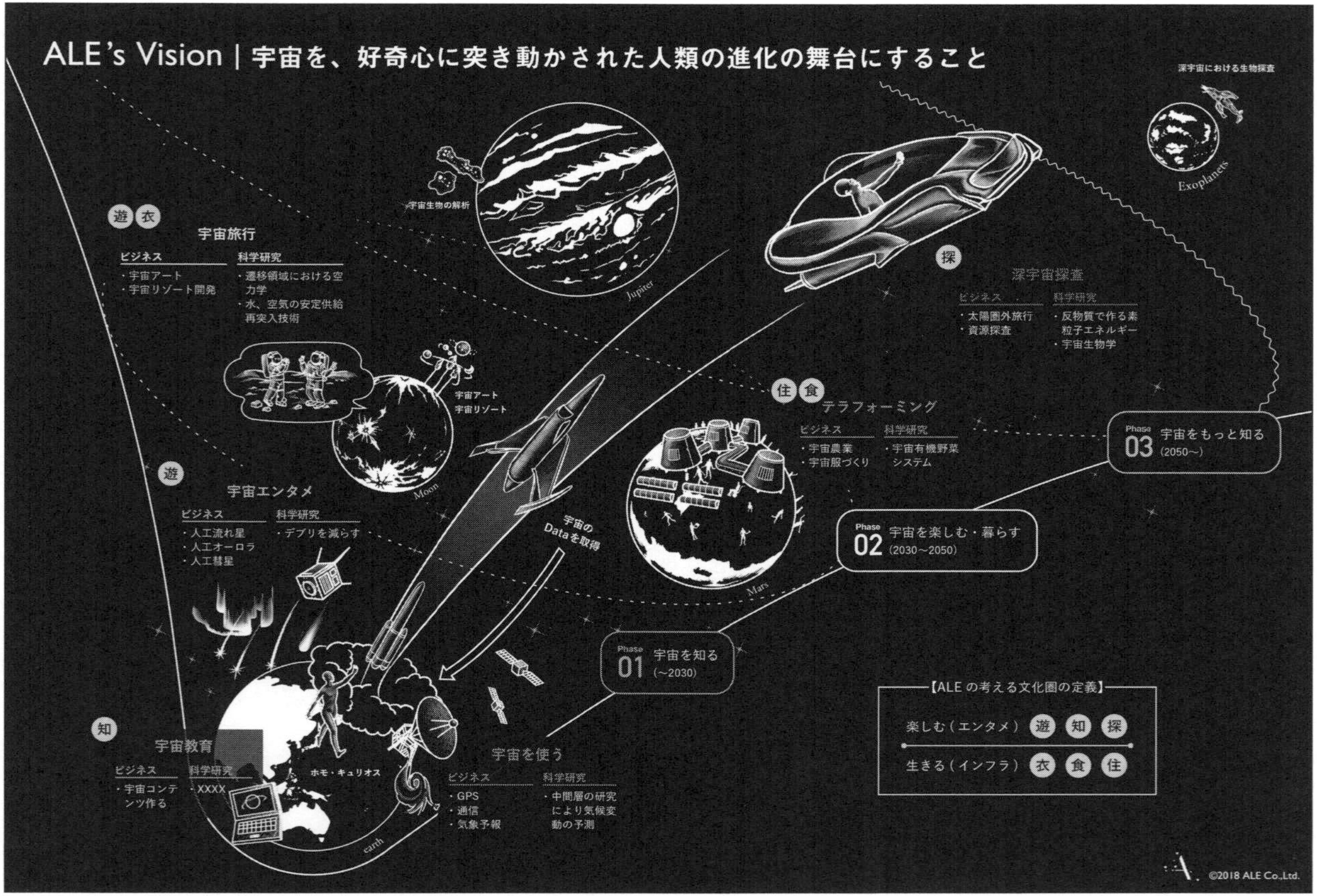
ALE's Vision | 宇宙を、好奇心に突き動かされた人類の進化の舞台にすること
深宇宙における生物探査
Exoplanets
宇宙生物の解析
Jupiter
遊 衣
宇宙旅行
ビジネス
・宇宙アート
・宇宙リゾート開発
科学研究
・遷移領域における空力学
・水、空気の安定供給
再突入技術
宇宙アート
宇宙リゾート
Moon
探
深宇宙探査
ビジネス
・太陽圏外旅行
・資源探査
科学研究
・反物質で作る素粒子エネルギー
・宇宙生物学
住 食
テラフォーミング
ビジネス
・宇宙農業
・宇宙服づくり
科学研究
・宇宙有機野菜システム
Mars
Phase 03 宇宙をもっと知る (2050〜)
Phase 02 宇宙を楽しむ・暮らす (2030〜2050)
Phase 01 宇宙を知る (〜2030)
遊
宇宙エンタメ
ビジネス
・人工流れ星
・人工オーロラ
・人工彗星
科学研究
・デブリを減らす
宇宙のDataを取得
知
宇宙教育
ビジネス
・宇宙コンテンツ作る
科学研究
・XXXX
ホモ・キュリオス
earth
宇宙を使う
ビジネス
・GPS
・通信
・気象予報
科学研究
・中間層の研究により気候変動の予測
【ALEの考える文化圏の定義】
楽しむ(エンタメ) 遊 知 探
生きる(インフラ) 衣 食 住
©2018 ALE Co.,Ltd.

まれるんじゃないかとか。ALEは人工流れ星というSFをリアルにやっている会社であると同時に、これからの宇宙のあり方を考えている会社でもあるので、「今後の人類にとって宇宙はどういう意味をもつのか？」について考え、こうした絵や物語をもとに対話をしていきました。

未来のありえる可能性、もしくはありたくない可能性を定義することを通じて思考することが「広義のSFプロトタイピング」だとすれば、そのフォーマットや使い方は目的によって変わってくるはずです。僕らの場合は、毎回のテーマに合わせてフォーマットを使い分けているという感じですね。

歴史の補助線を引くこと

宮本　これまでの佐宗さんのお話を聞いて、三菱総研さんで実施されていることとの共通点や違いがあれば教えてください。

藤本　佐宗さんが気にされているところと自分の気にしているところがけっこう似ているな、というのが第一印象ですね。例えば、絶対的な善はないというお話がありましたけど、われわれのプロセスのなかでも「未来における弱者と強者が誰なのか？」は必ず明確にするようにしています。SFプロトタイピングで出てきた「ありたい姿」は「〝誰の〟ありたい姿」なのか。描いた未来像が好きな人と嫌いな人は社内にも社外にも絶対にいるので、それはどういう人なのかを考えるよう心がけています。

例えばウェルビーイング★という言葉を使うと、「みんなハッピー」という絵がよく出てきますが、その端っこには、場合によってはハッピーじゃない人がいるはず。誰かの「ありたい姿」を出したときに、それを望んでいる人、望んでいない人がいることを意識するところは佐宗さんと似ていると思いました。

また「自分なりのビジョンをつくっていくのが大事」というお話もありましたが、もともとビジョンをもっている起業家以外の場合は、ビジョンを問われても出てくる人はあまりいないと思うんですね。そういうときにわれわれはチームとしてビジョンをつくるのですが、個人のビジョンをつくるときとチームのビジョンをつくるときの違いについて、佐宗さんが気にされていることがあればお伺いしたいです。

佐宗　突出したビジョナリーがいる企業は3割くらいで、7割ぐらいはビジョナリーがいないなかでビジョンをつくることになります。その7割のケースは大企業の場合が多いんですけど、そのときは個人一人一人のビジョンに加え、大きな文脈を入れるということをやります。突出したビジョナリーは、個人のビジョンが、社会のビジョンや組織のビジョンとつながっているケースが多い。一方、大企業の場

ウェルビーイング
身体的・精神的・社会的に良好な状態にあること。心身ともに健康な労働者は、業務のパフォーマンスが上がり組織に良い影響をもたらすことから、社会福祉の分野だけでなく働き方改革が進むビジネスの現場においても重要視されている。

合は、個人でそこまで考える権限がないので普通は考えられていないケースが多いです。しかし、これらは丁寧につなげていくとつながるんです。

例えば、その会社の歴史は社員全員にかかわるものですよね。その企業が過去にどういう時代背景でどんな事業を選択してきたのかという歴史の文脈経験と、人々の心理の変化や社会の構造変化についての社会文脈を、社会学や心理学、歴史学のリサーチを刺激物にしながら統合して議論していく。そうすることで、個人個人の「これをやりたい」という衝動の裏側にあるものを意識するための補助線を引いています。

藤本　補助線を入れるのは大事ですね。チームでビジョンをつくる際に、世代間のギャップをどうまとめるかいつも悩むのですが、佐宗さんはこのあたりはどのように考えていますか？　人って人生のステージごとに好きなことや目指したいことが違っていて、例えばシニアの方は「これからはつながりだよ」と言うことが多い。町中がつながって新しいコミュニティをつくるのがいいよね、と。一方で若い人は、そんな社会は面倒くさそうだから住みたくないと言う。こうした世代間の価値観の違いをどうやってひとつのビジョンに落とし込んでいけばいいのかと、いつも悩んでいます。

佐宗　僕が大事だと思うのは真ん中をとることです。新しいものと古いものの真ん中に本質があることが多い。その真ん中に焦点を置いてビジョンを設計する。クライアントが公的な組織であればあるほど、真ん中にビジョンを置くことを意識しています。逆にエッジーな企業であれば、どちらかに寄せるという判断もありえます。

ここで大事になるのは、真ん中をとるといったときに、いまの企業における真ん中が〝実際の真ん中〟ではないということ。現行の組織は逆ピラミッドの構造なので、日本の大企業だと40歳以上の人数が40歳以下より多いんですよね。なので、普通に真ん中をとると50代になってしまう。すると、30代が考えたビジョンに50代が共感することができず、下からの提言は受けても上の人たちが理解できずに終わる、というのがよくあるパターンです。こうした課題があるなかで、もう10年若い世代のビジョンをどう組織の真ん中にもっていけるかがポイントなんだろうと最近は思っています。

藤本 その場合、真ん中のビジョンを最初からうまくつくるのか、30代のビジョンをバックキャストして引き戻すのかというと、どっちなんでしょう?

佐宗 世代で完全に分ける後者の方法はやりやすいんだけど、あまりいい結果を生まない気がするんですよね。よく「30代セッションでビジョンを提案しろ」みたいなことってあるじゃないですか。でも下の世代だけで決めても結局は上に通らないことがわかっているので、やっている側も腰が入ってないなと感じることはありますよね。

藤本　若手のなかでは盛り上がっても、上に出してみると全然理解してもらえなくて、若手のモチベーションを上げようとしたのに逆効果になってしまうことはよくあります。

佐宗　いい結果が生まれるのは、50代でも30代でも、共感する人はすごく共感・熱狂するという、世代を超えて通じる普遍的なポイントを見つけられたときのような気がしています。ビジョンづくりは、ほうっておくと、「おじさん世代に対して物申す！」というような上の世代対若い世代というような対立構造を生みやすいものでもあるので、対立のなかにも普遍性が見えるようなやり方をしないといけない。人選も年代でフィルタリングしないようにするのは、会社のなかで広がっていくビジョンをつくるうえでは大事なのかなと思います。

藤本　そうですね。普遍性を見つけるのが、佐宗さんがおっしゃっている補助線の役割なのだと思います。ある程度枠や補助線を引いてあげることによって、それが頭のどこかに残ってアウトプットにつながっていくことになる。

佐宗　だからこそ、みんなが共有できる歴史が必要なんですよね。これは企業だけでなく地域コミュニティにも当てはまりますが、歴史や文化は場における共通の土台の役割を果たします。そこから未来への想いを意味付けしていくと、一見個人のバラバラなビジョンがいっぱいあるように見えても、共通の文脈はつくることができるんです。その土台を共有せず、アウトプットだけをぶつけてしまうと世代によって全然違うものに見えてしまうので、社内を統合するという目的からは遠ざかってしまうことになります。

大澤　世代間のコミュニケーションがうまくいかないというのは、SFプロトタイピングをやるうえでも大きな課題だと思います。どういう兆候が出てきたらまずいでしょうか？　あるいは失敗を避けるために具体的にどういう工夫をすればいいのでしょうか？

藤本　年齢層を混ぜたチームをつくるときに、年配の人が発言しちゃうと、なかなか若手が「ノー」を言いづらいことがあります。エビデンスがあれば違うと言えるんですけど、ビジョンやありたい未来像を話すときはだいたいの場合が主観ベースなので、なんとなく「そうですよね」という感じで議論が進んでいってしまうところがあります。

なので、セッションのなかであえてちゃぶ台を返すところをちゃんとつくってあげる。途中までつくってきた未来図に対して、「あなたは好きか嫌いか」を問う場面を用意するんです。それを入れておくと、議論の最中には言えなかったけど実は私はそう思わない、といった意見が出てくる。もし「好きか嫌いか」が言いづらければ、「この社会が実現されたとき、あなたは辛いと思いますか？」という聞き方をすることもあります。そうすることで、意外とみんな賛同していなかったんだな、ということを明らかにするのがひとつの方法ですね。

もうひとつは、小説まで落としたときに、主人公の名前を借りて文句を言えるタイミングをつくること。どうしても年長者の意見に押され気味なところがあるので、こうやって若い人でもちゃんと意見を言える場をプロセスのなかに入れ込むことを意識しています。佐宗さんはいかがですか？

佐宗　ケースバイケースなので一概には言いにくいのですが、伝え方の工夫が役に立つと思っています。普通に会議室でプレゼンをすると、「ふーん」と思って終わるか、すごく反対する人も出ないままさっと流されるパターンが多い。そうならないために、表現の仕方には工夫できるところがあるなと。

例えば、小説を使うのは普通のプレゼンとは明らかな違いがある。藤本さんがおっしゃったアイデアですごくいいなと思ったのは、「この物語の登場人物だったらあなたは何を言いますか？」と問うことで、会社の役職というペルソナをいったん脱いで、個人として話すきっかけをつくってあげることができること。クリエイティブの場を通じてペルソナを脱ぐきっかけをつくることで、解決できる問題はあると思いました。

藤本　もうひとつ、ふわふわした話ばかりで全然未来の解像度が上がっていかないのも明らかな失敗ですよね。デジタル化でなんでもできるようになって便利だよね、といった解像度の荒いイメージのまま議論が進んでいくと、小説にも落とせないですから。この対応策としては、「ふわっとした言葉を使わない」というルールを決めてしまう。例えば「ＡＩ」や「ＶＲ」、「ウェルビーイング」といった言葉は使わないでくださいと禁じることで、解像度がぐっと具体的になって話が進んでいくことがあります。

作家への敬意を忘れてはいけない

難波　ビジョン思考ではクライアント自身がビジョンを描き出すのに対し、ＳＦプロトタイピングでは作家さんとコミュニケーションをするなかでビジョンをつくっていきます。藤本さんは、作家さんとのやりとりにおいてどういったことに気を付けているのでしょうか？

藤本　基本的には「こういう世界観ができたので書いてください」ということはせず、最初から作家さんと一緒にワークショップをやっていくことを心がけています。佐宗さんがおっしゃっている補助線のところ、つまり会社の歴史やそもそもチームが何のためにやっているのかといったことも一緒にインプットをしていくのが、まずは大事だと思っています。

そのうえで、個人的に作家さんにお願いしているのは、肌感をもって未来の生活を描いてほしいということ。未来の話をすると、単純に技術の紹介で終わるような話になってしまうことがあるんですよね。例えば朝起きて、体調管理をするＡＩによってカロリー計算に基づいた朝食が出てきて、その日のスケジュールに合わせた服が３Ｄプリンタでつくられて、それを着てなぜか会社には通勤しているとかですね。そうした技術のショーケースのような話は面白くなく、「ふーん」と読み飛ばされてしまうことが多い。

本当に読みたいのは、未来の生活がいまとはどう変わって、そこで生きる人たちが何を考えているのかということ。もちろんその未来が好きな人も嫌いな人も、クライアントがアピールしたい商品を使わない人だっているはずなので、こうしたところを肌感をもって書いてほしいとお願いをしています。

佐宗　何をもっていいビジョン、いいストーリーになるのかを考えたときに、記号としての技術がつながりあって、人の生活のシーンが絵として見えるのが重要なんじゃないかと僕は思っています。そのシーンを翻訳するための方法論のひとつが、小説を書くということ。主人公がいて、その人がどのような生活をし、どのような気持ちを感じるのかを描くなかで、その背景に技術を溶け込ませることができるのだろうと、いまの藤本さんのお話を聞いて思いました。

僕が個人のビジョンを具体化するときに使っているビジョン思考のワークショップは、「わたしたちの未来展」という仮想の展覧会向けにビジョンアートを制作していくアプローチを取るのですが、ここでのポイントは、絵を描くことで自分が無意識に持っていた理想の世界のイメージや見立てを具体化するということです。まだふわふわしたイメージに、見立てという輪郭が生まれ、それを言語化できたとき、いろんなものがつながって一気に具体的な未来の条件がイメージできるようになるという傾向があるんですね。ここまでできると、未来のシーンを日記のようなフォーマットで表現することで、具体的な物語に落とすことができます。技術ありきではなく、その未来におけるその人の心象風景が描かれるようになるのです。藤本さんのお話を聞きながら、方法論こそ違えど、ビジョン思考でやっている「見立てをつくる」ということを、SFプロトタイピングではSF作家がやっているのかなと思いました。

作家とのコミュニケーションについて藤本さんにお伺いしたいのですが、それぞれの作家さんにも得意なトンマナ★やテーマがあるじゃないですか。作家さんと良いお仕事をするために、どんな人と、どんな風に作風をつくっていけばいいものが生

トンマナ
「トーン&マナー」の略称。一貫した雰囲気やコンセプトのこと。

まれるとお考えですか？

藤本　もちろんその作家さんが過去にどんなものを書かれているのかは見ますが、いちばん大事にしているのは、ワークショップを通してみんなでワイワイつくっていくことが好きかどうかですね。そうしたプロセスを楽しみながら一緒につくっていける方というのが第一条件になります。

その次のテーマの話になると、意外とひとつのテーマでお願いするということはないので、なるべく作家に選んでもらえる状況をつくるようにしています。例えば病院の未来を考えるときにも、患者側、運営する側、建設する側といろんな人たちがいる。それをひとりの作家にお願いするのではなく、複数の作家さんに入ってもらって「どれを書いてみたいですか？」と聞きながらやることが多いですね。

宮本　僕から少し補足をすると、作家さんが必ずしもその分野に詳しくなくてもいいと思っています。むしろ、作家さんのなかには新しいことを書いてみたい、知らないことを書きたいという人も多い。そのときに、例えば三菱総研さんのなかにその分野の専門家がいたら、その人と作家さんが組むことで小説を書いてもらう。そうすると、作家さんにとっても自身のステップアップのチャンスとして捉えていただけます。また、その専門に関しては素人である作家さんが専門家と組むことで、外から見たときにもわかりやすいものができることになる。そうやって作家さんが触媒のような存在となり、新しいものが生まれるようなマッチングをすることが大事だと思っています。

佐宗　そのときに、読者像はどのように作家へブリーフィングするんでしょうか？作家さんって、読者の顔が見えないと書けないところもあると思うのですが、読者像はどう設定されていますか？

藤本　基本的にはアウトプットの使い方次第だと思っています。企業からお願いされたときも、経営陣だけが見るものなのか、社内全員に公開するものなのかでも違ってきますし、そもそも未来像をつくろうと決めた目的があるはずなので、その目的や使い方をベースに読者層を考えています。

　社外に出す場合も、ターゲットとなる読者層は具体的にイメージして作家へ伝えるようにしています。例えば「30〜40代のビジネスマンで、新しいことをしたいんだけどうまくできていない人」だとか、「50代の経営層」だとか。誰に向けて、どれぐらいのレベルで書けばいいかはクリアにお伝えするようにしています。

宮本　ＳＦプロトタイピングには大きく分けてふたつあると思ってます。ひとつは社外に向けて出したいもので、もうひとつは社内で議論の題材にするためのもの。後者の場合はもう本当にピンポイントに、「頼んできてくれたこの人」に意見をぶつけるつもりで書いたり、「社内のこの人を驚かせたい」という想定で書いたりしています。
そういう意味では、普通のSF作品は「売れること」が大前提になってきますが、SFプロトタイピングの場合は売れるかどうかを考えなくてもいいところが面白いところですね。例えば僕は、「他では売れないSF」を書くつもりでプロトタイピングを書いたりする。社内で議論に使う場合は好き放題できてしまう部分があるので、あえて売れ筋のものを書く必要がないというのはSFプロトタイピングのいいところだと思っています。

佐宗　売れなくてもいいとはいえ、SFプロトタイピングもクリエイティブであり、作品づくりですよね。作品づくりだからこそ、つくり手が燃えるし、かつ、それで食べていける仕組みをどうつくるのかが大事なのかなと思っています。作家さんは一般の読者に作品を届けるのがこれまでの常識だったとしたら、そのモデルが変わったときにアウトプットのかたちとしての作品の扱われ方がどう変わっていくのかは気になりますね。また僕はデザインの力を経営変革の文脈で使う仕事をしていますが、やっぱりデザイナーはつくり手なので、「作品を世に出したい」という想いはベースにある。そこを忘れてはいけないなと常に思っているんです。
SFプロトタイピングのこれからを考えたときに、大前提として書き手が増えるといいなと思っているのですが、その書き手たちはどういうふうに報われるか。仕事として食べていけるかどうかもそうですし、どのようにSFプロトタイピングをいい表現の場にできるのかについて、みなさんのご意見をぜひお伺いしたいです。

宮本　僕は人の結婚式や披露宴に行くとたいてい流れる、新郎新婦の友だちがつくるようなムービーが好きなんですが、それはどこにも公開されないもので、多くてもせいぜい200人くらいがそのときだけ見るものですよね。でもあとで再会したときに、「結婚式でああいう映像があったよね」と話のタネになるものだと思うんです。SFプロトタイピングのアウトプットもそれに近いものがあると思っていて、一瞬しか見られないかもしれないけど、長く語られたり、そこから新しいものが生まれたりする。世に出ていないもののなかにも大事な作品があるんじゃないかと思って、僕は普段書いています。

大澤　SFプロトタイピングは、作家さんたちが従来活躍している場所とは違ったフィールドを提供できると私は思っています。作家さんの活躍の場を広げられそうだなと。従来の作品評価だと、どうしても文芸として優れているかどうかが第一基準になりますが、それ以外にも、技術的な正確性があるか、アイデアとして優れているか、ギミックに価値があるかなど、SFプロトタイピングの場合はいろいろな視点で作品を評価することができます。そういうふうに評価基準が多様化し、SFの市場が広がったときに、いままで評価されなかった人が実はものすごい価値を生み出すことがありうる。従来よりも広いかたちで、SF作家の想像力を世の中に還元できるんじゃないかということに期待しています。

難波　自分はＳＦを哲学や文学史の点から研究しているのですが、ＳＦはそもそも「文学としては非本流」のような言われ方をしてきました。これまで文学的なＳＦを書くことでＳＦの地位を上げようとしてきた作家たちの努力があったわけですが、ＳＦ作家の人って、文学として珠玉の作品を書きたいというより、この世界から飛び出していくような「物語を書きたい」とか「世界をつくりたい」、「アイデアを出したい」というモチベーションが根底にはあるはず。そのアウトプット先として、実はＳＦプロトタイピングは合うのではないかと思っています。

藤本　大澤さんが言われたように、ＳＦプロトタイピングとは作家さんにとって新しい市場なので、ここをちゃんと広げていくというのが私たちのいちばんの役目だと思います。そのうえで、佐宗さんが心配していた作家さんのモチベーションややりがい、表現者として世に出していきたいという想いは、当然最大限に尊重しないといけません。

例えば、作家がＳＦプロトタイピングのアウトプットをリライトし、自身の作品に使うことを組み込んで契約するといったやり方がありえると思います。ほかにも、著作権は作家に帰属するようにする、何年か経てば社外にも発表していいようにするなど、なるべく作品を社外に出せるような契約のスタンダードを、市場としてつくっていくことが大事になってくる。
　どうしても社外に出せないという場合でも、もともと問題意識をもっていた社会課題を解決するために作品がキーになるのであればやりがいがある、とおっしゃってくれる作家さんもいます。そのように、世には出ないけれど社会を変えていくのに必要な表現方法も今後は出てくるのかなと思っています。

ＳＦ思考を民主化せよ

大澤　佐宗さんはシンギュラリティ大学★に通われ、藤本さんもアリゾナ州立大学のプログラムに参加されています。海外においてＳＦプロトタイピングがどう使われているのかをお聞きしたいと思うのですが、まずは佐宗さんから、シンギュラリティ大学での経験をお話しいただけますか？

佐宗　僕が非連続的な未来を描く表現方法に興味をもったきっかけは、２０１５年に参加したシンギュラリティ大学のエグゼクティブプログラムでした。それは10億人の問題解決をするために、ロボティクスやＡＩ、ＸＲ★、バイオ、デジタルファブリケーション★といった技術をいかに融合させるかを考えるプログラムなんですが、

シンギュラリティ大学
シリコンバレーを拠点とする教育機関。「技術的特異点（シンギュラリティ）」の提唱で知られる未来学者レイ・カーツワイルと、Ｘプライズ財団ＣＥＯのピーター・ディアマンディスが設立した。「全世界10億人レベルに影響を与える大きな社会的課題に挑戦する」というビジョンを掲げている。

ＸＲ
ＶＲ（仮想現実）、ＡＲ（拡張現実）、ＭＲ（複合現実）などの先端技術の総称。

デジタルファブリケーション
デジタルデータをもとにしたものづくり。３Ｄプリンタやレーザーカッターを利用し、これまでの技術では制作困難だったものが実現できる。

そこでSFプロトタイピングをやっているデザイナーに出会ったんですね。僕らのチームでは10年後のシリア難民が抱えている課題をテーマとして設定したのですが、その難民たちはどんな状態にいて、技術によってどう変わっていくのかを物語として描いていきましょうと。そうして自分たちで未来のイメージを描いてみて、最終的には技術者やビジネスのわかる人、SFライターが加わることでビジョンを物語にしていきました。

そのプロセスを見たときに、僕がやっていることとそんなに変わらないと思ったんです。クリエイティブの形は違えど、共創によって未来を想像していくという意味では同じだと。ただ、デザインだともっとソリューションそのものをつくっていくのに対し、SFプロトタイピングの場合は人が見てワクワクするとか、逆に嫌な気分になるとか、そうしたゴールをめがけてつくり始めるのが面白いと思いました。

それは日本の文脈で考えてみると『ドラえもん』で描いていることが近いし、日本人は比較的普段からSFに慣れている。だからシンギュラリティ大学で見たことをもとに、自分なりの「『ドラえもん』のひみつ道具」を描く方法を実践していった結果生まれたのがビジョン思考になります。

藤本　私はバルセロナでMBA（経営学修士課程）に行っていたんですが、MBAのなかではまだまだSFプロトタイピングは取り入れられていません。ようやくデザイン思考やビジョン思考が事業をつくるうえでのパーツになったくらいで、それすらもまだ真ん中ではない。真ん中にあるのは戦略、マーケティング理論やヒューマンリソースなどで、いまだとビジネス倫理やＥＳＧが登場し始めたくらいです。そういう意味では、ＳＦプロトタイピングやビジョン思考は海外のビジネス界においてもまだまだ広げていける市場であり、広げていかなければいけないと思います。

例外としてアリゾナ州立大学はＳＦの使い方をきちんと考えていて、市民との対話や街づくりのシーンにも活かしている。そうした活用法は日本でもまだまだできていないので、われわれもやっていきたいと思っています。

宮本　最後に、今後のＳＦプロトタイピングの可能性や展望、希望についておふたりにお伺いできればと思います。三菱総研さんではＳＦプロトタイピングではなく「ＳＦ思考」という言葉をつくって活動をされていますが、なぜ「ＳＦ思考」と呼ぶのかという理由を含め、藤本さんから今後の展望をお話しいただけたらと思います。

藤本　ＳＦプロトタイピングではなく「ＳＦ思考」と呼んでいるのは、ＳＦをプロトタイピングするだけでなく、プロトタイピングしたあとが大事だと思っているからです。未来図をつくったあとで、そのシナリオについて議論をしたり、価値観を問うてみたりする。その工程こそが大事という考えから、われわれは「ＳＦ思考」

と呼ぶことにしています。
SF思考のこれからの課題は、未来の解像度をどうやってさらに上げていくかということ。例えば環境問題のテーマを書くときに、登場シーンでいきなり道路の話をした瞬間に、空飛ぶ車の存在は考えられなくなってしまいますよね。未来を描くためには複雑に絡み合う事象をきちんと描いていくことが求められるので、ただプロトタイプするだけじゃなく、その未来におけるニーズを深く思考していかなければいけないと思っています。

宮本　佐宗さんはビジョンを膨らませるためのいろいろな手法を取り入れていらっしゃいますが、そのなかでSFプロトタイピングにはどのような可能性があるとお考えでしょうか？

佐宗　これからの会社の戦略を描くにあたって大事になってくるのは、理想の状態を提示し、そこに向かうための蓋然性のあるストーリーをどれだけつくれるかだと思うんです。つまりストーリーが戦略になっていく時代なので、物語のフォーマットをつくることはますます必要になってくる。そのなかでもSFは技術や科学の側面を色濃く描けるので、研究開発が必要なテーマの未来をつくっていく場面で広がっていくのだろうと思っています。
もうひとつ、これは完全に僕の妄想なんですけど、子供がつくった未来の物語をクリエイティブ作品にすることをやりたいと思っているんです。ビジョンアートのワークショップは、企業だけでなく、Vision Driven Educationというプロジェクトとして掲げて教育の現場でも実践しているのですが、やっぱり子供の作品がすごく面白いんですよね。この前はN中・高（角川ドワンゴ学園）でワークショップを行ったのですが、大人では考えつかないようなとても個性的で未来に対してのインスピレーションになるような作品が多いので、子供がつくるSFをクリエイティブとして世に問いかけていくことをやってみたいと思っています。

この不確実な時代においては、未来を生きる希望や意義を誰もがもてることが重要なので、SFプロトタイピングやビジョン思考は「誰でもできる」ことが大事になってくる。自分なりの物語を描き、自己コントロール感をもつというのは、教育上もいい効果があるはずです。みなさんのなかでも、もしご興味があれば一緒にやりたいですね。

難波　ぜひやりたいですね。いまのお話を聞いて、子供たちのつくるSFを見てみたいなと思いました。

藤本　実はうちの会社で、社員の子供向けのイベントとして小学生・中学生とともにSFプロトタイピングをやったことがあるんですが、とても面白い作品が出てきたんですね。よく見るとベーシックインカムの話をしているようなアウトプットもありました。佐宗さんがおっしゃるように子供からは非常に面白いアイデアが出てくるし、やり方次第では家庭内でのコミュニケーションを促進したり、親が知らない子供の一面を知ることができる機会になるでしょう。

また教育以外の場面でも、自分のキャリアを考えるとか、3年後の営業部の姿や目標を考えるとか、未来を考えることは至るところで必要です。実現したいと思えるストーリーがなければ日々の仕事に対しても力は出ないので、3年後や10年後に自分たちはどうなっていたいんだっけ？　ということを考えるためにぜひSF思考をライトに使ってほしい。未来を考えない人はいないですし、SFを使える場所は無限にあると思うので、SF思考をみんなが使えるような形にしていきたいと思っています。

座談 2　ストーリーとビジョンで人を巻き込む

ゲスト

岡島礼奈

株式会社ALE
代表取締役社長／CEO

×

羽生雄毅

インテグリカルチャー株式会社
代表取締役社長／CEO

【ゲストプロフィール】

岡島礼奈（おかじま・れな）

1979年生まれ。東京大学理学部天文学科卒業。同大学院理学系研究科天文学専攻にて博士号を取得。卒業後、ゴールドマン・サックス証券へ入社。2009年から人工流れ星の研究をスタートさせ、2011年9月に株式会社ALEを設立。現在、代表取締役社長／CEO。「科学を社会につなぎ 宇宙を文化圏にする」を会社のMissionに掲げる。宇宙エンターテインメント事業と中層大気データ活用を通じ、科学と人類の持続的発展への貢献を目指す。

羽生雄毅（はにゅう・ゆうき）

1985年生まれ。2006年オックスフォード大学化学科卒業。2010年同大学院博士課程修了。在学中は科学ソサエティー会長やアジア太平洋ソサエティーの委員を務める。オックスフォード大学在学中から2ちゃんねるやニコニコ動画のヘビーユーザーであり、帰国後も同人誌即売会やイベントなどの「オタク活動」を行っている。2014年には日本初の人工培養肉プロジェクト「Shojinmeat Project」を立ちあげ、動画やコミケを通じてDIY培養肉の民主化を目指す。帰国後、東北大学と東芝研究開発センターを経て、2015年にインテグリカルチャー株式会社を設立。著書に『OTAKUエリート―― 2020年にはアキバカルチャーが世界のビジネス常識になる』がある。

SFはフィクションだと思っていない

宮本　おふたりはどのようにSFと出会われましたか？

岡島　私は相対性理論やホーキング★の宇宙論から物理学に興味をもったのですが、最近になってやっと、そうした物理学とSFのもっている世界観がつながってきたところがあります。SFって一見すると夢物語みたいですけど、どの技術ができたらその夢が実現できるのだろうと、そんなふうに考えていますね。

　影響を受けたSFは、やはり『ドラえもん』。あと宇宙工学をやっている人たちはみんな、『スター・ウォーズ』や『ガンダム』、『新世紀エヴァンゲリオン』には影響を受けていますよね。例えば年齢層が上の方の話を聞くと、「ガンダムを見て宇宙を目指しました」という人がすごく多い。なので「SFと出会った」という意識がなくとも、とくにアニメを通して日本人にはSFが刷り込まれているなと思います。

羽生　僕も岡島さんと近いところがあると思います。小さい頃は積み木で遊んだりするじゃないですか。でもあれって、積み木そのもので遊んでいるのではなくて、積み木の向こうに想像している世界で遊んでいるわけですよね。その頃からすでに、

スティーヴン・ホーキング
（1942-2018）
イギリスの理論物理学者。ALS（筋萎縮性側索硬化症）と闘いながら、ブラックホールの発生や消滅に関する数々の理論を提唱し現代宇宙論に大きな影響を与えた。著書に『ホーキング、宇宙を語る』『ホーキング、最後に語る』など。

頭の中ではSFの世界を自己生産していたように思います。SFと出会ったことに気づかないままその世界に浸《ひた》っていて、それゆえに理系に進み、いまのようなことをやっているんだろうという気がします。

宮本　おふたりが事業を始めるにあたって、影響を受けたフィクションはありましたか？　おふたりは未来のビジョンを提示していると思うので、そのときにこれが役に立ったというものがあれば教えてください。

岡島　流れ星を流すというアイデア自体はSFから来たものではありません。ただ、「宇宙を、好奇心に動かされた人類の、進化の舞台にする」という自分たちのビジョンを制定したときは、会社のメンバーと2030年や2050年の世界をどういうものにしたいかを想像するところから逆算して、ALEとして目指すことを考えていきました。SFプロトタイピングという言葉こそ使っていませんでしたが、やっていたことはまさにSFプロトタイピングだったんだなと思います。

それから宇宙業界では、スティーブン・スピルバーグやジェームズ・キャメロンといった映画監督がNASAのスーパーバイザーに就いていたり、アーサー・C・クラーク★が静止衛星による通信システムを発案したりしています。だから宇宙の人たちってSFをフィクションだと思っていなくて、「できる未来」として描いているんですよね。ALEでも、大学の先生をお呼びしてSF映画を観るんです。そこ

アーサー・C・クラーク
（1917-2008）
イギリス出身の作家。第二次大戦中は英国空軍に所属。除隊後はキングズ・カレッジに入学し、物理学と

で、「ここのシーンでは、時速何kmでこれくらいの重力が出る」といった現実的な話をしている。なので、私たちにとってもSFはすごく身近なものになっています。

宮本　例えばどういう先生を招いて、どんな映画を観ているんですか？

岡島　『インターステラー』を東京工業大学の山崎詩郎先生に解説してもらったり、小型人工衛星の日本の権威である中須賀真一先生に『２００１年宇宙の旅』や『アポロ13』を解説してもらったりしています。そういう上映会を学生さんも交えてやっていますね。

宮本　普通に映画を観るより楽しそうですね。

岡島　実は『２００１年宇宙の旅』って、その先生の解説を聞くまで最後まで観れたことがなかったんです（笑）

一同　（笑）

岡島　けっこう静かじゃないですか。淡々としていて。宇宙船に乗っているあたりでいつも寝ちゃったりするんですけど、先生の解説を聞いてやっと最後まで観れて、こういう話だったのかとわかりました。

宮本　羽生さんはいかがでしょうか？

羽生　自分はもとよりSF文学が好きということでは全然なくて、それよりも興味をもったのは背景美術やガジェット、メカデザインや都市デザイン、ワールドデザ

数学を専攻した。ロバート・A・ハインライン、アイザック・アシモフと並び称されるSFの巨匠。著書に『幼年期の終り』『２００１年宇宙の旅』など。

インなんですよね。なので「好きなSFは何ですか?」と聞かれると、Unity★のアセットストアやVRチャットの話になってくるんです。

培養肉を始めたのは2014年、「いまやるなら培養肉がちょうどいいSFだろう」ということで、自宅で培養肉をつくる同人サークルを立ち上げたのがきっかけでした。これが2035年になると、また別のことをやり始めるかもしれないです。その頃なら自己増殖機械あたりかなという気がしています。

難波　作品というよりも、SFの世界そのものに興味があると。

羽生　そうですね。自分で何かやるときも、完全に世界観から入っているところがありますね。培養肉のビジョンを伝えるためにCGもつくっているのですが、それも「培養肉が全世界に展開されたらこんな景色になるだろう」とか「培養肉が宇宙に行ったらこうなるだろう」といった妄想から入っています。

一方でゆるふわ日常系の未来像があってもいいんじゃないかと思って、「火星生まれの姉妹の妹が、地球に遠足に行ったらお土産に和牛細胞を持ち帰ってきたので火星で培養肉をつくってます」といったCGもつくっています。こういうゆるふわ日常系の視点って、アメリカとかではほとんど出てこないんですよね。なので、海外のオーディエンスにはウケたりします。

岡島　なんでアメリカだと出てこないんでしょう?

Unity
ソーシャルゲームの開発などでも使われているゲームエンジン。アセットストアというショップにおいて3Dモデルの素材やデータなどを購入、ダウンロードできる。

羽生　アメリカではパワーを誇示したがっちゃうところがあるのかもしれません。でも科学コミュニケーションの文脈では、「宇宙で細胞培養してます」ということよりも、「それでおれの日常はどうなるの？」ということのほうが重要だったりする。そういう日常を描くことも大事だと思って、こうしたCGをつくっています。

ビジネスと倫理とイノベーション

宮本　アメリカのようなマッチョなやり方とは違った日常視点のフィクションによって、自分たちの価値観に近いところで未来を考えられるというのはひとつポイントだと思います。そうしたフィクションの視点をビジネスに持ち込むことについて、おふたりはどういうことを期待されていますか？

岡島　宇宙系の人は無意識にSFを使っていて、例えば「次にどんな事業をやる？」と考えるときは、「みんなでSFを観てみようか」となるんですよね。そうやってSFを使うことで、枠をとっぱらって想像力を広げることが大事だと思っています。

　さらにSFに期待したいのは、哲学の視点や倫理観みたいなものをビジネスに取り入れていくこと。非常に新しく法整備もされていない領域で事業をやっていくなかで、企業としてどういう立ち振る舞いをとるべきかを考えないといけない。そういう意味で、哲学がいますごく大事なんじゃないかと思っています。

例えば羽生さんの話をお伺いして、培養肉が出てきたときにベジタリアンはどういう振る舞いをするんだろう？　ということにすごく興味があって。「動物を殺していないから食べられる」という派閥と、「それでも動物性のタンパク質が使われているから食べない」という派閥が出てくるんじゃないかと思うのですが、その思想の違いについて、どうやってみんなで整合性をもたせられるのかと思いました。

羽生　培養肉に関して、新たな倫理性が問われるような状況は間違いなく生まれてくるでしょう。培養肉がつくれれば培養脳もつくれますし、そもそも生命倫理と言うけれど、生命って、例えば雲ができるとか大陸が移動するといった自然現象に比べて何が特別なのか？　ということも問われてくると思うんですよね。

ただ、こういう事例ってもっと近いところにもあると思っていて。例えばトヨタが建設中の「ウーブン・シティ★」という実験都市も、一種のSFプロトタイピングじゃないですか。でも、あの都市のなかにワーキングプアだったり、年金暮らしのお年寄りだったり、シングルマザーだったりがどれだけ含まれているのかはすごく怪しい。もし含まれていないまま進めてしまえば、実際に弱者を排除した状態で都市が機能するのかという問題が出てくる。さらには、「未来の都市はこうあるべき

ウーブン・シティ
2021年2月に着工した、トヨタ自動車が主導するスマートシティ。人工知能や自動運転などの最新技術を利用した実験都市として、静岡県裾野市に建設される。

です」と言っちゃうことに対する倫理性すら問われかねないと思うんです。
未来の話でいうと、近い将来、人間は自分のファームウェアを書き換えるようになるわけですよね。人体改造もあるでしょうし、人工知能も出てくるでしょうし。なので、飛べる人間とか、体が液体やガスでできている人間とか、いまの人間を前提としない世界を本来は考えないといけない。ＳＦプロトタイピングはゼロベース思考にも通じるところがあるので、議論の出発点を違うところに置くことによって、これまで考えられなかったことを一気に考えられるようになりますが、そのときに難しいのは、そもそも営利団体は資本主義の外の世界を考えられないということです。そうしたなかで、いかに倫理性を確保し、新しいものを生み出すか。自分の場合はインテグリカルチャーとは別に同人サークル「Shojinmeat Project」とＮＰＯ法人「日本細胞農業協会」をつくることで、役割を切り分けて考えています。

宮本　新しいものを生み出す際にビジネスを主軸に置くことの危険性について、岡島さんはどうお考えでしょうか？

岡島　それに関しては、日本がかかっている病そのものが問題だと思っています。科学の世界では、ビジネスに役立つかどうかで研究テーマを決めてしまっている。数年以内に結果が出そうなものに多くのお金が投じられる仕組みは、すごく危ないと思います。そうしたビジネス中心の考え方をしちゃうと本当のイノベーションが起きなくなって、確実に小金が稼げるかもしれないけど、つまらない未来しか出てこない気がしているんですよね。

最近すごく衝撃を受けたSFは劉慈欣★『三体』で、三体人が地球の基礎科学を止めることで優位な立場に立とうとするじゃないですか。あの発想にすごく鳥肌が立ったんです。最近では科学分野の論文数も日本は中国に追い抜かれていますし、ここが違うところだなと思わされました。もちろんベンチャーキャピタルに出資してもらっている以上は、リターンを出すことも考えなければいけない。一方で、枠をとっぱらった未来を追求することもやりたいわけですよ。そこがジレンマで、羽生さんのようにNPO法人や同人サークルをつくることで分けて考えるのはすごくいいなと思いました。

宮本　羽生さんは『OTAKUエリート――2020年にはアキバカルチャーが世界のビジネス常識になる』（講談社＋α文庫）という本も書かれていて、コミケやニコニコの同人文化にもお詳しいし、自ら実践されています。ビジネスとは別にそうした活動を行っていることが役立ったことはありますか？

羽生　まず、子供たちと話をするときに圧倒的に通じやすいです。この間も静岡の中学で講演をしたんですけど、僕の自己紹介スライドには二次元が多いので、「『このすば（この素晴らしい世界に祝福を！）』のなかでいちばん好きなキャラク

劉慈欣
（1963-）
中国の作家。発電所でエンジニアとして働くかたわらSF短篇を執筆し、1999年にデビュー。『三体』三部作は全世界2900万部の大ベストセラーとなった。

ターはなんですか?」と生徒から質問されて、「もちろんめぐみんです!」と答えて盛り上がったり。「『プロセカ(プロジェクトセカイ)』のなかで好きな曲は?」という話ができたり。

もうひとつはビジネスの場面で、最初からお互いにスーツを着てコミュニケーションしたところで、建前論とか大人の事情を加味したものしか出てこないんですよね。ただ二次元のような、言ってみればプライベートの領域に属するものからコミュニケーションが始まると、本人の生の声や相手が人として何を望んでいるのかを聞けるようになります。あとは、単純にフックになるということもあります。

難波 ビジネスの場では本音と建前が乖離《かいり》する可能性もあるというなかで、羽生さんがあえて培養肉の活動をビジネスとしてやられているのは、どういうモチベーションがあるんでしょうか?

羽生 そもそもやりたいことは、透明チューブの中で肉がつくられるといったSFの定番。「こんな世界を見たいな」というところから始まりました。最初はお金もないので同人サークルのかたちでスタートして、大企業でも大学でもない市民団体が世の中をひっくり返すような技術をつくったら面白いと思って突っ走っていたんですけど、さすがに現実が追いつかず。やっぱり事業として産業が成立しないとダメだろうということで、営利団体が必要だと考えるようになりました。そうして試薬を買うためにつくったインテグリカルチャー株式会社がより本格的な意味をもち出すようになって、資金調達を経ていまに至ります。

なので、もうしょうがないからビジネスをやっているところはありますね。実際にやっているのは、プロジェクト進行管理だの人事評価だの。それって他にもやれる人がいっぱいいるので「早く誰か代わって〜」と言っちゃったりするんですけど（笑）。もちろん、他の人に代わったとしても自分の生活は必要なので、早くベーシックインカム来ねぇかなと。そんなことを思っています。

難波　岡島さんはどのようなモチベーションで、研究ではなくビジネスを選ばれたのでしょうか？

岡島　私はもともと研究者になりたくて、天文学を専攻してドクターまで行ったんですけど、研究者に向いていなかったんですよね。周りは寝食を忘れて研究に没頭できる優秀な人たちで、私はもうちょっと注意散漫型だったので、研究にそこまでのめり込めなかったんです。

そこで別の道がないかと考えたときに、民間企業として何か科学に貢献できることがあるんじゃないかと思ったんですよね。いままでずっと、天文学は役に立たないと言われながらも税金が投入されて、大きな望遠鏡が建てられてきたじゃないですか。政権交代でプロジェクトがなくなるといったことも見てきたので、公的資金に頼らない民間企業として、エンターテインメントで利益を得ながら同時に基礎科学に貢献できることがあると思って、この流れ星事業をやっているところがありますね。

難波　科学貢献をしつつ、ちゃんと利益も得ると。

岡島　そう、なので難易度は高いし、なかなか理解されにくいんですよね。基礎科学は大事だということが伝わっても、「それをなんで民間企業がやるの？」と言われたり。反対に、科学の大事さがわからないスーツを着た人からは「いくらになるの？」というスタンスで見られたり。もちろん、スーツ着ている人のなかにも「これすごくいいいね」と言ってくれる人もいますけどね。

中二病ビジョンの功罪

大澤　ＡＬＥでもインテグリカルチャーでも、ストーリーを用意することで「人とつなぐ」ことを大事にされている、と感じます。個人的にはＳＦがコミュニケーションに果たす役割に興味があるのですが、一般のマーケットにアピールするときと社内コミュニケーションを行うときに、ＳＦ的、エンターテインメント的なイメージをどう使い分けているのかをお聞きしたいです。

岡島　社内のコミュニケーションでSF的なイメージを使う必要はまったくないですね。というのも、社内でやることはもうただの現実なんですよ。やっていることは流れ星でもつくっているのは人間なので、普通の会社と同じように組織人事に頭を悩ませたり、割と泥臭いことをずっとやっています。

世の中に対しては、やっぱり流れ星って、ちゃんと人に楽しんでもらうことが重要だと思っているので、どうやったらそこを伝えられるかは考えています。と同時に、われわれの場合はエンターテインメントのイメージが先走ってしまって、根底にある科学への想いがなかなか伝えにくいという課題もある。自分で言うのもなんですけど、流れ星ってすごいキャッチーじゃないですか。だからただの派手なものとして見えないように、科学への想いが伝えられるように、頑張ってコミュニケーションしているところはありますね。

宮本　社外に伝えるときに、サイエンスとエンターテインメントのバランスはどのようにとっていますか？

岡島　サイエンスとエンターテインメントは離れたものとして伝わりがちですけど、私はサイエンスコミュニケーションの一環としてのエンターテインメントだと思っているんです。なので、流れ星を見た人にエンターテインメントとして「わーっ！」と思ってほしいですし、「どうやってつくるの？」という疑問から科学や宇宙に興味をもつ人が増えたらいいなという思いもある。科学への想いを伝えるためのエンターテインメントという位置づけなので、両者はコンフリクトしていないと思います。ただ、やっぱりメディアでエンタメの部分だけを切り取られちゃうと辛いなというところはありますね。

大澤　メディアに取り上げられるときの注意は必要そうですね。キャッチーなテーマだからこそのコントロールの仕方があれば、お聞きしたいです。

岡島　そこは弊社の広報メンバーがこんこんと、「エンターテインメントの根底にある科学の部分もちゃんと書いてください」と伝えることを地道にやっていますね。

宮本　羽生さんはご自身の活動について伝えるときに、サイエンスとエンターテインメントのバランスをどうとっていますか？

羽生　まず、いろんな案件が来るなかで、羽生個人にフォーカスしているものは全部断っています。そのうえで培養肉や細胞農業の未来についての話であれば、「それはShojinmeat Projectにお願いします」「これは日本細胞農業協会にお願いします」と、入り口で分けていますね。インテグリカルチャーに来るのは事業の話のみにしています。

宮本　なるほど、入り口で分けるというのはいいですね。ビジョンの見せ方に関して深堀りしていければと思うのですが、宇宙業界はビジョンを見せることと密接に結びついていると思います。ビジョンがないと投資されにくい業界において、ストーリーを語る重要性についてはどうお考えですか?

岡島　宇宙ビジネスって、俗に「CG業界」みたいに言われることがあるんですよね。つまり、まだ実現していないものをCGで見せて、「とにかくこういうのをやるんですよ」と伝えることでお金を引っ張ってくるという側面があります。まだ実物はできていないけどそもそも資金調達しないとつくれないので、ビジョンの伝え方はすごく大事。事業の世界観をどんどん見せていかないといけません。

おそらくこれはITやAIの業界にも当てはまることで、「この技術によって未来はこうなります」というのを見せないといけないじゃないですか。そのなかでも実物がつくりにくい、宇宙業界ならではの〝CGっぷり〟はあります。まだ何も打ち上げていないのに大型の資金調達をしている企業は何社もありますから(笑)

大澤　ロボット業界でも〝夢の前借り〟が行われていて、「ロボットで将来的にいろいろできるようになります」と言いながら、現実とは大きなギャップがあるんですよね。だから現実の技術を見せてガッカリされることも多かったりする。そこを気を付けないといけないというのは、たしかにどの業界にもある話かもしれません。

岡島　期待値コントロールはすごく必要ですよね。われわれも、自分たちのプロモーション動画ではあえて控えめな流れ星を流しているんです。でも、ある海外メディアが取材してくれたときに流星がわっと流れている写真が使われたことがあって。「現実に即していないんですけど」と言ったら、「でも未来の夢の話だからいいよ」と言われてしまったことがあります。

羽生　期待値コントロールの前に、そもそもベンチャーがそういうものだという気もします。その具体的コンテンツが培養肉だったり宇宙だったりするわけですが、リアルなものだとCGがいちばん見せやすい。自分はビジョンを説明するときに「こんな世界をつくりたいんです」というVRをつくって相手に被せることもあります。

脱線しますが、いまの岡島さんのお話を聞いて、自分が中学生のときに考えていたことを思い出しました。「ニュークリア・ファイアーワークス」といって、花火を核弾頭にして星空に満天の花火を打ち上げるもので、単なる中二病なんですけど（笑）

岡島　中二病でもいいと思いますよ。社外向けの期待値コントロールの話をしましたが、基本的には私も中二病のままで、大人になっていないんです。これできたら面白いじゃん、という考えのまま大人になるとスタートアップとか始めちゃうんだろうなと思っていて。だからスタートアップの人たちも、だいたいみんな中二病じゃないですか。

羽生　自分はツイッターのサムネにも、「中二病するなら宇宙規模で」と書いてますね。

宮本　ＳＦプロトタイピングのいろんなプロジェクトにかかわっていると、中二病的なドリブンが本当はあったはずなのに、それが潰されちゃう、あるいはマジメに回収されてプロジェクトがつまらなくなってしまうという問題を見ることがあります。なので、中二マインドをきちんと中二マインドとしてアウトプットしていくことも大事かもしれないと思いました。

ディストピアの前に「日常ゆるふわ」を考えろ

宮本　岡島さんの事業は、宇宙をキャンバスにするという意味で、宇宙自体をアートにしていく役割を担っていると思っています。いまのＳＦのアウトプットは小説や映画ですが、自身の事業が新しいＳＦのフィールドとしてメディアのひとつになることは考えていますか？

岡島　私のなかでは、これは全然ＳＦでも夢物語でもなくて。「夢がありますね」とよく言われますけど、現代物理でできるとわかっているものは私のなかでは「できるもの」なので、ＳＦとは思ってないですね。

ただ、いままでなかったことをやることの責任はあると思います。宇宙業界にいらした方からすると、宇宙空間でものを放出するのは信じられないらしいんですよね。流れ星を流すと聞くと「これデブリ（宇宙ごみ）になるんじゃない？」と懸念される方もいます。われわれは姿勢や放出の制御、すべての物体のトラッキングデータなどを計算して安全な軌道でしか放出しないので絶対ないと言い切れるんですけど、やはり不安をもつ方もいる。そうしたみんなの不安をちゃんと取り除けるような安全な使い方をしないと、この先似たようなことをやろうとする人たちにとってもよくないはずなので、伝え方はすごくケアしてやっていますね。

宮本　今後のＳＦはどういうものになっていくと考えていますか？　ＡＬＥのやっていることを受けて、フィクションやアート、エンターテインメントといった文化も変わってくるのではないかと思います。

岡島　空がキャンバスになったときに人が何をやるかは、私自身はアーティストではなく想像できないので、むしろアーティストの方たちに聞いてみたいですね。自分はやはり物理学の常識にとらわれているので、常識的に考えて「流れ星って線だよね」と思うんですけど、ある著名なアーティストの方に「流れ星で螺旋《らせん》を描けないか？」という話をされたことがあるんです。そう言われて方法を考えれば、すごくお金はかかるけど不可能じゃないんですよね。自分はビジネス側の人間ですが、アーティストとも話しながら表現を増やしていくのはすごく大事だとそのときに思いました。そういう意味で、ＳＦというのもアートに似たものなんだろうなと思います。

宮本　羽生さんはご自身のビジネスによって培養肉が実現されたら、今後どういうふうにＳＦが変わっていくと思いますか？

羽生　50年前も１００年前も、「未来の食はこうなる」というＳＦはあったんですよね。なので、50年後だったらリアルな培養肉があって、培養肉のさらに先にあるもの、おそらくは完全な合成食料がＳＦで描かれるんだろうなという気がします。

ただ、培養肉が普通のものになった世界にはそこそこ合成食料も出てきていると思うので、今度はいよいよ食事がいらない人間が登場するかもしれない。マイクロ波給電することで動く人間とか、ただの白いぐちゃっとした塊《かたまり》しか食べていないけどＶＲでおいしいものを食べているように見えているとか。なので、自分は培養肉の将来的なライバルはＶＲだと思っています。

大澤　スペースデブリにしても合成食料にしても、技術は一見ディストピアに見えるものを生み出す可能性があります。ただ、そうしたネガティブなイメージを書けて、それを材料にいろいろ考えることができるのも、ＳＦのひとつの価値だと思っています。そうしたネガティブなビジョンとはどう向き合っていくべきだとお考えでしょうか？

岡島　私はネガティブなビジョンも必要だと思っています。例えば「ケスラーシンドローム★」で、デブリにまみれちゃった地球のシミュレーション映像が出てくるじゃないですか。最近もスペースデブリが地球を取り巻いているような絵をメディアで見ますが、それによってデブリを処理しないといけないという流れをつくることができる。なので、危機感を煽るという意味ではネガティブなイメージも大事だと思います。

羽生　自分の場合は、ディストピアとかユートピアとかは、言ってみれば現象論で枝葉末節の話だと思うんですよね。なぜそもそもそういうイメージが出てきちゃうかというと、日常ゆるふわ視点が欠けているから。ディストピアなイメージというのは、トップダウンの視点で未来を考えるから生まれちゃうわけで、そうすると日常が無視された荒いイメージができちゃうんです。

だったら日常ゆるふわ美少女アニメの視点からSFを描けばよくて、そうするとユートピア的未来も描けるわけですよね。むしろユートピアをスタート地点にして、どういう技術を登場させるかという議論をすることができる。なので、ディストピアとかユートピアという議論が出てきたとしたら、SFプロトタイピングが不十分であるというふうに自分は考えます。もうちょっと頑張れよ、日常視点やったの？

ケスラーシンドローム
スペースデブリの危険性を説明するシミュレーションモデル。宇宙に存在するデブリ同士の衝突によりデブリが自己増殖していく。

と。

未来はモデレーターを求めている

大澤　いまSFプロトタイピングがブームになりつつあるのは、発想の飛躍の力に期待されているからだと思います。そのときに、テクノロジーは新しくなっても人間のビジョンが古いままであるという課題がある。想像力のリミッターをうまく外すために、みなさんがやられていること、あるいはこういうことをしたらいいんじゃないかというお考えはありますか？

岡島　そこは私もお聞きしたいですね。会社のメンバーと「この技術の先に何ができるか」「この世界観が実現したら何ができるか」と想像するときにも、やはりいまあることから考えちゃうんですよね。例えば、われわれが集めようとしている大気データが正確にわかった未来では何ができるかと考えたときに、いまの感覚で言うと天気予報しか出てこないんですよ。でも近い将来、車が空を飛び出したりすると、大気データはいまより重要になってくるじゃないですか。そうした発想の飛躍をどんどんできるようにしたいです。

そのためには社内だけでやるのではなく、社外の人とやらないとダメなんだなと思います。関係なさそうな専門性をもっていても未来を見ている人たちをガッと集めて、一緒に考えるということをやりたい。

大澤　われわれは今後、SFプロトタイピングを学問として研究していきたいのですが、アカデミアにはぜひここをやってほしい、ということがあればお聞きしたいです。

羽生　やっぱりすぐにビジネスの文脈で語られちゃうなかで、もっと広い範囲で、できれば定量でSFプロトタイピングの与える影響を調べてほしいです。ビッグデータやウェブスクレイピング★といった最近の技術の進歩によって、これまでふわっとしていたものも切り口によっては数字で出せるようになってきました。そういう技術を使ったSFプロトタイピングの効果測定を希望しますね。

岡島　私は、SFプロトタイピングをモデレートできる人をたくさん増やしてほしいと思います。ワークショップでの議論って、モデレーターの力がいちばんじゃないですか。参加者からどれだけアイデアを引き出せて、多方面から見られるかどうかはモデレーターの力に依存するので、そこを担える人を増やしていただけると嬉しいです。

宮本　モデレーターにはどういう役割を期待されますか？

岡島　いろいろな人がもっているアイデアを引き出す能力ですね。モデレーターが

ウェブスクレイピング
ウェブサイトから特定の情報を抽出する技術。

何か思想をもっている必要はなくて、その場にいる人たちからまんべんなく、いい角度で意見を引き出せて、どんどん枠を外せること。そういうタイプの人が求められていると思います。

羽生　人集めの能力も期待したいですね。

岡島　これを考えるためにはこういう人が議論に必要です、と。

羽生　SFプロトタイピングに誰を入れるべきかというのは、けっこう量が質を生む世界だと思うんです。アイデアをゼロから積み上げていくのであれば、ピラミッドのベースは広いほうがいいと思います。

宮本　SFプロトタイパーには仲介者的な役割も求められてきそうですね。

大澤　複数の分野にまたがる学際研究でもそうですが、ただ人を集めるだけではうまくいかないことがあります。モデレーションをすることで、発想をうまく広げるようなディスカッションをいかに設計するか、も大事な気がします。

空気のようにSFがある日本で

宮本　海外と日本のビジネス現場では、SFの扱いにおいてどういう違いがあるのかをお聞きしたいと思います。海外でも積極的に活動をされている羽生さんはどの

科幻都市
具体的には成都のこと。科幻（科学幻想）とは、中国においてSFを指す語。

ように見ていますか？

羽生　欧米とインドでは、ＳＦ的なものがエンターテインメントとして確立しているものの、ビジネスになるとあまり真面目に扱われていないという印象があります。一方で中国は、国ぐるみで推進し始めていますよね。実際に国費で科幻都市★とかをつくったりしている。イスラム圏は知識不足でよくわからないですね。

日本の場合、ビジネスありきの付け焼刃でＳＦプロトタイピングを始めちゃう人が多いのが残念だと思う一方で、空気みたいにＳＦがあるので、「内閣府ムーンショット★」みたいなものが実現できるのはポジティブな点ではないかと思います。あれをアメリカでやろうとしても、おそらく納税者が納得しなくて潰されちゃう。ＤＡＲＰＡ★もアポロ計画★も、軍事というリアルがあったからこそ初めてできたものなので。

岡島　日本は逆に、軍事に張れないからお金もつかないということもありますよね。

羽生　そうですね。ビジネス観点だとそう言えます。

岡島　日米の対比で思うのは、ＤＡＲＰＡってけっこうトップダウンでビジョンを描いて、そこに研究者をアサインしていくのに対し、日本ではボトムアップ的にみんなが楽しくつくれるものを考えていくじゃないですか。そこの違いについて、みなさんは普段感じることはありますか？

内閣府ムーンショット
高齢化社会や地球温暖化などの課題を解決するために内閣府が２０２０年に策定した社会目標。２０５０年までに人が身体、脳、空間、時間の制約から解放された社会を実現することが掲げられており、アバターやロボットの活用が見込まれる。

ＤＡＲＰＡ
アメリカ国防高等研究計画局の略称。インターネットの原型であるＡＲＰＡＮＥＴや全地球測位システム（ＧＰＳ）などの科学技術を開発してきた。

アポロ計画
ＮＡＳＡによる、人類初の月への有人宇宙飛行計画。1961～72年にかけて実施され、全6回の有人月面着陸に成功した。

大澤　ムーンショットのビジョン設定の際にはＳＦ作家の藤井太洋★さんが議論に関わられましたが、ムーンショットと言いつつも、どこを狙っていくかというビジョン会議からスタートしたのは面白いポイントだと思っています。

羽生　ムーンショットよりは小規模なものとして、日本では２０１８年に始まった未来社会創造事業の培養肉プロジェクトに20億円がついているんですが、実用化前提の培養肉研究に20億円がつくのは世界でも相当先駆けています。その始まりは、文科省の官僚の人が「Shojinmeat Project」のミーティングに来たことで、その方が培養肉について情報収集をしながら独自に動いてプロジェクトを立ち上げているんですよね。省庁の官僚にもなかなかアツイ人たちがいて、自発的に行われる、より分散化されたＤＡＲＰＡ的なプロジェクトを増やしていくのもひとつの手ではないかと思います。

難波　いいですね。ビジネスを含めいろんな人を巻き込んでいくＳＦプロトタイパーが行政から出てくるのは、すごくいい未来な気がします。

羽生　ＳＦプロトタイパーをいちばん増やすべきは、おそらく文科省や経産省でしょうね。

岡島　素晴らしいですね。もうひとつ日米の違いで言うと、民間企業が使う予算の桁がもう違いますよね。日本の宇宙予算は年間で３０００億円ぐらいですが（２０

藤井太洋（１９７１‐）
日本の作家。舞台美術、イラストレーターなどの職を経た後、２０１２年、ソフトウェア会社に勤務する傍ら執筆した長篇『Gene Mapper』を電子書籍として販売し、作家へ転身。２０１５年、『オービタル・クラウド』で第35回日本ＳＦ大賞を受賞。

21年度は有人月探査「アルテミス計画」への参加などがあって4496億円)、Amazon創業者のジェフ・ベゾスは毎年Amazonの株の1パーセントを売って、1000億円をブルーオリジン★に出している。

なので、日本には日本の戦い方があるんですよね。羽生さんが先ほど言っていた、アメリカでは日常系のビジョンがなかなか出てこないというのもそのひとつ。資本力で王道の勝負をするアメリカと、技術のエッジを利かせながら日常を描く日本という違いが出せるんじゃないかと思いました。

宮本　そうした日本のSFプロトタイピング業界に対して、おふたりはどんな希望をもっていますか?

岡島　今日みなさんと話をして思ったのは、SFプロトタイピングができるモデレーターがいるなかで、めちゃくちゃ専門の違う異業種の人たちが集まって、とにかく未来の日常をちゃんと考えていかなければいけないということ。そうしたことが、どの業界でも大事になってくるんだろうなと思いました。

とくに宇宙業界に関して言うと、これから人間って絶対に宇宙に行くじゃないですか。そうすると、地球で得られた知見は絶対に宇宙で使われますし、逆もまたしかりで、地球上で生活している人たちにとっても宇宙での生活はかかわってくるわけですよね。そういう意味で、「もし宇宙で暮らしたら」みたいなお題を考えなが

ブルーオリジン
ベゾスが設立した航空宇宙企業。2024年までに月面着陸を実現することを目標に掲げている。

ら、異業種の人と一緒に考えていくと自ずとやることが見えてくるのではないかと思います。それは自分でもやりたいし、すごく楽しみですね。

大澤　いろんな専門家の人を集めて、生活について考えるのはとてもいいですね。そうすると身近なことからスタートするので、自分ごととして考えやすくなると思います。羽生さんはどうですか?

羽生　これから、ものづくりよりもコトを起こすことの重要度が上がってくるなかで、SFプロトタイピングはそのいちばん上流にある。なので、ここがうまくできれば、どんどんいろんなことがスタートして、そこから世の中をよりよくするビジネスが出てくるでしょうし、新しい価値観が生まれるでしょう。

一方で、SFプロトタイピングを事業としてお金が回るものにする必要があるのであれば、「SFプロトタイピングってそもそも何のためにあるんだっけ?」という大事なところが失われないかというところだけは心配です。

大澤　フレームにしちゃうと失われるものがあるということですよね。SFプロトタイピングという枠を破るようなことを、枠をつくって実施するのはたしかに矛盾していいます。

宮本　そうですね。SFのいいところは枠を取っ払って何でもできることなので、形式化されていない難しさと形式化してしまうことの危険はセットになっている。

でも逆に言えば、その自己矛盾もＳＦの魅力のひとつです。型破りしやすいように、破ってもいい型をたくさん見せてあげて、型破りを誘発させるといったことも、ＳＦプロトタイピングのひとつの手法になります。そういったメタ的な攪乱を通して、いろいろな人を常に前提まで立ち返らせたり、現実の彼方へとふっ飛ばしたりといったことをしてゆくべきかもしれませんね。

論考 1

SFプロトタイピングの検証
——挑発的議論を生み出すフレーム

大澤博隆

SFプロトタイピングは、私たちが新しい社会のビジョンを得るための素晴らしい手法である、ということをここまでこの本では散々語ってきた。しかし冷静に考えてみると、複数人が集まってアイデアを得るための手法は、これまで様々なものが提案されている。古くはブレーンストーミングやKJ法、最近ではスペキュラティブ・デザインやシナリオ・プランニング……さてもう一度考えてみよう。これらの方法と比べた時の、SFプロトタイピングの利点はなんだろうか？ SFプロトタイピングは単なる一過性のバズワードに過ぎないのだろうか？ それともSFプロトタイピングには、何か独自のアイデアを生み出すような、本質的な利点が存在するのだろうか？ 実際のところ、SFプロトタイピングに集まる熱狂的な視線とは裏腹に、こうしたSFプロトタイピングの本質を調べるための検証は、十分に行われていないようである。

私自身はSFが好きな人間だ。ただ、私自身がSF好きだからといって、それだけでSFが「有用なものである」という主張をするわけにはいかない。SFは本当に役に立つだけだろうか、逆に害はないだろうか。私も関わりのあるロボット工学の分野では、日本の研究が「家庭内で動くロボット」のビジョンにこだわりすぎ、適切なリソース配分を怠《おこた》ったという議論があるが（この意見に対しては、さらなる反論もある）、SFのイメージを無批判に利用した問題もあると私は考えている。また、人工知能分野においては、『ターミネーター』のスカイネットや『エクス・マキナ』のアンドロイドなど、フィクションに描かれてきた人工知能に対する恐怖が、現実の研究に悪影響を与えているのではないか、という議論も存在する。フィクションを用いて議論することは間違いなく楽しいとは思うが、それは意味のある議論なのだろうか？　かえって、弊害になるケースはないだろうか。

私は計算機科学で工学の博士号を取得した人間であって、この点について検証なしに発言するのは難しいと考えている。そこで、筑波大学の宮本道人氏と、三菱総合研究所の藤本敦也氏、関根秀真氏と共同で、三菱総研の新人社員研修の場を借りて、いわゆる「ＳＦプロトタイピング」が既存の手法に比べてどのような利点をもつかを調査し、分析した。ここでは特に、シナリオ・プランニングと呼ばれる手法との比較評価を行ったので、その結果を紹介したい（なお、こちらの結果は２０２１年３月に行われたインタラクション２０２１でも一部紹介されているので、詳細な内容についてはそちらをご確認いただきたい[1]）。

プログラムの作成

ＳＦプロトタイピングには様々なやり方が存在するが、一般的に、ワークショップ形式で複数の専門家が集まり、お互いにアイデアを出し合い、未来に対するビジョンをＳＦ作品として導くやり方が主流である。従来このような手法でよく知られているものが、シナリオ・プランニングと呼ばれる手法だ。これは、起こりうる未来の状況をシナリオに沿って考え、複数の異なる分野の人々の知見を持ち寄って未来像を検証するやり方で、ビジネスアイデアを生むための手法としてよく使われており、なおかつ、ＳＦプロトタイピングと類似した手法である。ＳＦプロトタイピングの効果検証として、我々（大澤、宮本、藤本、関根）はまず従来手法であるシナリオ・プランニングと比較するための半日間のワークショッププログラムを作成することにした。

ただし急いでワークショップのプログラムを構成する前に、ＳＦプロトタイピングの「勘所」を押さえる必要があった。そのためまず我々は、ＳＦプロトタイピングが成功している現場に直接出向いて観察し、学ぶことにした。ＳＦプロトタイピングを古くから研究し、企業とともに成果を生み出している大学の一つに、アリゾナ州立大学の「科学と想像力センター（Center for Science and the Imagination）」がある。我々はこちらを訪問し、ＳＦプロトタイピングがどのように行われているかを実際に体験しつつ調査した。

その結果わかってきたのが、工学や人文学、産業界など別々の分野の専門家を入れることの重要性、そしてそれ以上に、これらの人物をうまく議論に巻き込むスキル（ファシリテーションスキル）の重要性である。違った分野からのアイデアが提案されないと、出てくる未来ビジョンは特定の領域に偏ってしまう。またアリゾナ州立大学の場では、非常に多くの提案が多様なメンバーから打ち出され、議論が展開していったが、感心しつつも、これは議論に関する教育を受けた米国でないと成立しないと感じた。日本でＳＦプロトタイピングを実施する場合、そもそも米国ほど議論に慣れていないという点を考慮しなければならず、参加者たちの意見が出やすい「土壌」を整えてあげる必要がある。

この問題を解決するため、我々はまずワークショップの各構成員の専門が分散し、全体の構成が「多様」になるよう努力した。またグループに参加する参加者の気質を測るため、行動抑制と行動活性化に関する質問（ＢＩＳ／ＢＡＳ値評価）を事前に行って、各グループの構成員のスキルを調べ、そのスキルに従ってグループのパフォーマンスを最適化した。ファシリテーションスキルが高い人物として、罰に対する反応性が弱く、新規刺激に強く、自分から動くモチベーションが高い人物が想定される（アート的アプローチを行う企業に勤める人間は、この尺度が高いことがわかっている[2]）。こうしたスコアの高い人物を、各グループに一人配置することにした。

ワークショップの構成

以上の手続きを元に、我々はＳＦプロトタイピングの構成を作成した。通常のシナリオ・プランニングと比較し、ＳＦプロトタイピングでキーとなる「ガジェット」の作成、「キャラクター」の作成、「プロット」の作成を反映するよう、プロトタイピング手法を設計した。

1　自己紹介とテーマ出し（10分）：個人の興味を持つ分野の紹介
2　ガジェット生成（10分）：気になった単語を元にした造語とその説明の作成（10個）
3　キャラクター内面作成（10分）：自分や誰かの悩み／こだわりの話を行い、そこから

少し変わった悩み／こだわりを持つ人物を5人作り出す

4　未来社会像構築（10分）：項目2のガジェットから、項目3の悩みを解決しうるものとして、意外性が高いものを2つ選ぶ。作成したテーマの造語が30年後に現れて広まるのに必要な技術的条件、社会的条件をそれぞれ2つずつ考え、どちらのガジェットのある世界がよりユニークか選択する

5　未来の業界像の構築（10分）：そのガジェットの存在が前提になっている30年後の社会において、ガジェットが悪い影響を及ぼしている業界を3つ、良い影響を及ぼしている業界を2つ考える

6　キャラクター職業作成（10分）：項目5の業界に項目3のキャラクターをあてはめ、未来社会の負け組を3人、勝ち組を2人選ぶ。それぞれの職業を考え、全員と関わりそうな人物を主人公に選ぶ

7　プロット前半作成（10分）：プロットの前半部を考える。主人公の行動や感情の動きを中心に、他のキャラクターとの関係がどのように変化するかを考察する

8　研究開発テーマの作成（10分）：この未来社会が必要とする研究開発テーマを考える

9　プロット後半作成（10分）：項目8での議論をもとに、プロット後半を書き、前半も修正していく

10　寸劇作成（10分）：このストーリーを寸劇形式でプレゼンするための資料を作成する

このSFプロトタイピング手法を、従来型のビジョン生成手法であるシナリオ・プランニング手法と比較する。シナリオ・プランニング手法は2050年の未来を考えるという大目的に沿って、以下の5つの段階で進めた。

1　自己紹介とテーマ出し（5分）：個人の興味を持つ分野と2つのテーマの決定（例として「2050年の食」など）

2　ドライビングフォース（10分×2＋個人作業5分）：選んだ2つのテーマに関して、大きな影響を及ぼすような動きを最低10個選ぶ

3　軸決め（5分×2）：テーマごとに選んだ動きの中で、もっとも大きな影響を与える軸を選び、その軸とかけ合わせたときに、大きな差が出る軸を選ぶ（例：企業の終身雇用と外向性・内向性）

4　未来社会を具体化する（15分）：4象限のうち、より新規性があり、リアリティがある未来像を1つ選ぶ

5　ニーズ考察（35分）：未来におけるニーズから、サービス案及び研究開発テーマを考える

評価項目（何を評価すればいいのか？）

こうしてSFプロトタイピングのプログラムを作成していったわけだが、ではこうして得られたSFプロトタイピングの「成果」は、どのように評価すれば良いだろうか？　SFプロトタイピングのメリットとして、発想の新規性、リアリティの増加（信頼性）、感情移入の増加（楽しさ、わかりやすさ）が提案されている。[3] 一方でSFはある種の反社会性を帯びた発想を制限しない役割もあり、SFの描く未来を反面教師として考えることもできるため、挑発的なアイデアは独自に評価する必要がある。

実施したSFプロトタイピングワークショップの評価のため、我々はSFプロトタイピングの類似手法である「スペキュラティブ・デザイン」で用いられている評価法を参考にすることにした。アーティストの長谷川愛は自著の中で、スペキュラティブなアートを自己評価する上で、倫理性、挑発性、信頼性（リサーチ）、新規性、楽しさ、わかりやすさ（訴求力）をチェックポイントとして挙げている。[4] これらの項目は、SFプロトタイピングの成果を評価する方法としても有効と考えられるため、我々はまずこの評価法を参考にした。

ただし一方で、クリエイティビティの「自己評価」は正確ではないことが心理学では指摘されている。[5] アーティストのように、作品に対して自分を律して評価する訓練が行われているプロにとっては、自身の作品の評価は難しくないと考えられるが、こうした作品評価に慣れていない人物が、自己評価を行うのは危険である。SFプロトタイピングのイノベーションに与える影響や倫理的影響なども、客観的に測る必要がある。

以上の点を踏まえて、実施したSFプロトタイピングの評価項目として、以下の6点を評価することにした。

1　本提案は社会の人々に対する責任感を持っているか
2　本提案は人々を挑発する要素を持っているか
3　本提案は信頼性があると感じるか
4　本提案は新規性を持っているか
5　本提案は楽しいか
6　本提案は直感的にわかりやすいか

またこれに付随して、ビジネス的な観点で興味深い提案がされたかどうか評価するため、以下の3項目を加えた。

7　本提案に対するニーズは深そうか

8　本提案に対するニーズは広そうか
9　本提案の継続検討にＧｏを出したいか

以上9項目を、評価者がそれぞれ1から5までの数字のどれかをつけて判断する、５件法で評価した。評価者は三菱総合研究所の社員を中心に、ビジネス案の選定を行う専門家14人に依頼した。

実施結果と分析

本ワークショップには45人の参加者が参加した。あらかじめ調べたＢＩＳ／ＢＡＳ値と、各専門分野をもとに、各グループの専門が多様になるように設計した。ジェンダーバランスについては、プライバシーの問題から直接指定ができなかったものの、結果としては各グループにそれぞれ異なる性別の人物が分かれて入ることとなった。

ワークショップ全体を前半と後半に分け、前半と後半でそれぞれ5人ずつ9グループ（SC1-9, SF1-9）に配置した。前半と後半のグループメンバー構成は異なる。感染症を避けるため、新人研修はオンラインで行った。比較のためのシナリオ・プランニング手法を午前中に、ＳＦプロトタイピング手法を午後に実施した。途中に休憩を挟み、参加者に過度に負担がかからないよう

表1　提案されたアイデア（評価項目9のスコアの高い順）

SC4	感覚刺激を利用したもの	4.36
SF5	味覚を利用したもの	4.36
SC8	食に関するもの	3.93
SC9	モニタリングと教育に関するもの	3.79
SF6	人生モデルと経験の最適化	3.64
SF3	移動式住居	3.57
SF9	オーダーメイド教育	3.29
SC7	仮想旅行に関するもの	3.21
SF4	自動運転に関するもの	3.14
SC6	食料配給に関するもの	3.07
SF2	人材最適化に関するもの	3.07
SF7	健康管理装置に関するもの	2.93
SC3	デジタル空間での芸術に関するもの	2.79
SC5	複数人 VR に関するもの	2.71
SF8	筋力維持に関するもの	2.64
SC2	AI・IoT と筋トレに関するもの	2.57
SF1	ゲーム内エクササイズに関するもの	2.29
SC1	集合住宅に関するもの	2.14

設計した。

実験後に参加者から得られたイノベーションアイデアを、それぞれ表1に示す。SCがシナリオ・プランニングによるもの、SFがSFプロトタイピングによるものであり、表は事業として継続したいスコアの高いものから並べている。

次に実施後の各項目について、14人の評価者による評価の平均値を取り、合わせて統計手法による検証（平均の差が、統計的誤差の範囲を超えて「意味のある」差であるかどうかを検定する検証）を行った。結果を図1に示す。

その結果、項目2（本提案は人々を挑発する要素を持っているか）と項目5（本提案は楽しいか）について、SFプロトタイピング手法の値が有意に高く、一方で項目3（本提

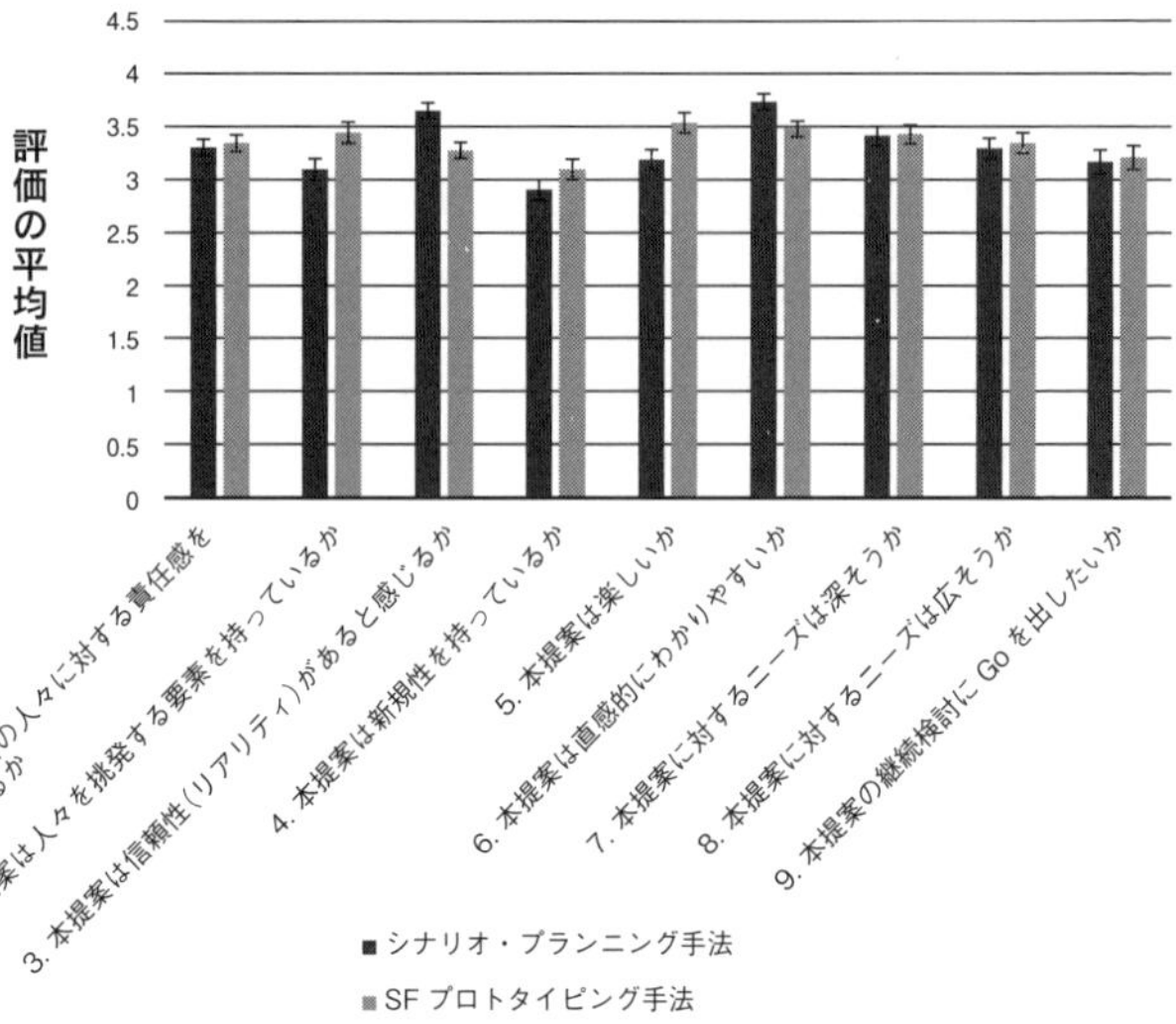

図１　シナリオ・プランニング手法とSFプロトタイピング手法
それぞれの比較　(Wilcoxonの順位和検定にて、2, 3, 5に有意な差)

案は信頼性があると感じるか）がＳＦプロトタイピング手法において有意に低いことがわかった。一方で、我々が調べたかった、得られたアイデアのニーズの深さ、広さや、ビジネスの継続検討にＧｏを出すかどうか、といった値には、残念ながら統計的な有意差はない。

この結果から示唆されることは、ＳＦプロトタイピング手法はシナリオ・プランニング手法に比べて、より挑発的で楽しいが、一方でリアリティには欠けると取られる提案になる……ということである。これは、ＳＦ作品が巷《ちまた》から受ける評価によく似ている。つまり「ＳＦって確かになんか突拍子もなくて面白いけど、でもちょっと現実離れしてるよね」ということである。そして、ビジネス的にはシナリオ・プランニングと比べ、あまりメリットがないように見える。

では、結局ＳＦプロトタイピングで得られた結果には意味がないのだろうか？　必ずしもそうではない。というのは、調べていくと、リアリティがある提案が、そのままビジネス上興味深い提案（継続検討を行いたい提案）と受け取られるわけではないことがわかってきたからである。

具体的にどうしたかというと、我々はまず、各項目同士の相関係数を調べた。その結果として、信頼性と提案を進めるかどうかの判断の相関性は弱く、それよりも、挑発性や新規性、楽しさが事業提案を進めるかどうかの判断と相関していることがわかった。つまり、ビジネス提案としては、提案自体の信頼性よりも、提案の新規性、楽しさのほうが事業の成否を判断する上では有効である、ということである。考えてみれば当たり前だが、まだ社会で実装されていないアイデアが、現在の社会から見て信頼性がないのは、アタリマエのことであり、そんなことよりも提案の挑発性や新規性、楽しさの方が、新しいビジネスを進める上では重要ということである。そして、ＳＦプロトタイピングには少なくとも、そうした新しいビジネス提案につながる、挑発性、新規性、楽しさの高いアイデアを生み出しやすい可能性がある。

さらに個別のケースを観察した結果、ＳＦプロトタイピングを用いた手法のほうが、参加者同士のやり取りが多く、アイデアの広がりが幅広いことがわかった。これは主に、１．ＳＦ的なガジェットを共有していることによるビジョンの共有の早さ、２．人物の物語を前提にすることによる、アイデアの出しやすさ、３．とんでもない発想を許容するＳＦのフレームが、有効に働いていると考えられる。ＳＦプロトタイピングがうまく行っているグループ（味覚の再現、人生モデルと経験の最適化、移動式住居）では、一度ガジェットがあることがグループ全体で共有されると、その後の議論がぐっと早まる。例えば、移動式住居というギミックが一度設定されると、グループの間での議論は進みやすくなる。また、自分が直接知らない技術提案であっても、自分がその未来のガジェットを使用する当事者になる、と考えると、どんな立場の人でもアイデアが出しやすくなる。さらに、一見突拍子もないアイデアであっても「これはＳＦだから」という設定を免罪符に、いろいろな意見が言いやすくなる（この点は、議論における同調圧力が強い日本社会では、特に重要な点かもしれない）。

一方でシナリオ・プランニングでは、設定から直接未来像を議論することが多く、当事者がどのような立場になるか、という議論が少なかった。もしくは、ユーザ自身が当事者として直接議論を行っているものが多かった。このため、当初の提案の新規性が、そのまま最終提案の面白さにつながるケースが多かったと言える。つまり、誰かがたまたま良いアイデアを思いついていれば良いのだが、そうでなければ失敗してしまうケースもあり、グループの強みを活かしづらかった、ということである。

ただしＳＦプロトタイピングなら何でもうまくいった、というわけではなかった（これは、最終的にＳＦプロトタイピングとシナリオ・プランニングで事業継続の平均に差がなかったことからも示唆される）。ＳＦプロトタイピングによって出てきたギミックがあまりにインパクトある場合、逆にそのインパクトの強さが議論の足を引っ張るケースもあった。特に最初のアイデアに固執したケースでは、あまり良いアイデアが生まれていないことがわかってきている。こういうケースでは、ある程度出てきたアイデアを「捨てる」覚悟が必要になるが、これはグループ内の議論だけで煮詰まってしまうと難しくなる。このようなケースでは、全体を見るファシリテーターが途中で介在することで、問題をある程度回避できるのではないかと考えられる。

結論

これが我々の現時点での調査結果である。面白い、と思う人もいたかもしれないし、なんだ、その程度か、と思った人もいたかもしれない。学術的な調査というのは、決して派手ではない。ただ、個人的にはこの結果には満足しており、SFプロトタイピングをよりよく使うためのヒントが多く得られたと思っている。

実際のところ、SFプロトタイピングは、それを使えば未来のビジョンがさっと思いつく魔法の道具ではないし、行えば必ず成功するとは限らない。SF性にこだわって議論が発散するなど、失敗に陥りやすいポイントもあり、注意深い実践が必要だ。

しかし、現実を知っておくことで、少なくともより良い運用を行うことが期待できる。スキルを持つ人物が注意深く扱えば、SFプロトタイピングはそれぞれの人々の持つ専門スキルを物語の形で結びつけ、従来よりも良いビジネスビジョンをグループが生み出す手法になりうる。我々はそう考えている。

工学者の視点で見たときのＳＦプロトタイピングは、大きく言えば、技術の一つである。ただしそれはロボットやセンサのように、自然環境を変化させる技術ではなく、人間同士を効果的に結びつけ、新しいアイデアを生むための「技術」である。広く言えばそれは、社会における物語・フィクションの役割なのかもしれない（歴史学者のユヴァル・ノア・ハラリは、人類史におけるフィクションの役割として、この機能を挙げている）。ＳＦプロトタイピングは、このフィクションの持つ力を、ビジネスの現場で最も効果的に活かすための「技術」の一つになるかもしれない。それは目に見えない力だが、会社を駆動する手助けになる種火だ。

※本稿は論文［1］を元にしています。共同研究をお引き受けいただきました三菱総合研究所に感謝します。大澤は参加者事前評価、人員配置、評価手法の設計、論文執筆を主導しました。ＳＦプロトタイピング手法は宮本氏を中心に藤本氏が調整を加えて設計・実施しました。シナリオ・プランニング手法は藤本氏が設計・実施しました。社内コーディネートなどの実務は藤本氏と関根氏が行いました。

［1］大澤博隆・宮本道人・藤本敦也・関根秀真「ＳＦプロトタイピングを用いた未来ビジョン作成の評価」インタラクション２０２１
［2］K. A. Smolewska, S. B. McCabe, and E. Z. Woody, “A psychometric evaluation of the Highly Sensitive Person Scale: The components of sensory-processing sensitivity and their relation to the BIS/BAS and ‘Big Five,’ ” *Pers. Individ. Dif.*, vol. 40, no. 6, pp. 1269–1279, Apr. 2006, doi: 10.1016/j.paid.2005.09.022.
［3］B. D. Johnson, “Science fiction prototyping: Designing the future with science fiction,” *Synth. Lect. Comput. Sci.*, vol. 3, pp. 1–186, Apr. 2011, doi: 10.2200/S00336ED1V01Y201102CSL003.（ブライアン・デイビッド・ジョンソン『インテルの製品開発を支えるＳＦプロトタイピング』細谷功監修、島本範之訳、亜紀書房、２０１３）
［4］長谷川愛『２０ＸＸ年の革命家になるには――スペキュラティヴ・デザインの授業』ビー・エヌ・エヌ新社、２０２０
［5］R. Reiter-Palmon and J. J. Illies, “Leadership and creativity: Understanding leadership from a creative problem-solving perspective,” *Leadersh. Q.*, vol. 15, no. 1, pp. 55–77, Feb. 2004, doi: 10.1016/j.leaqua.2003.12.005.

SFプロトタイピングの事例

世の中でSFプロトタイピングを推進するプレイヤーは「産業」「学術」「行政」の三つの領域に大別でき、これらの三者が相互に影響している事例も存在する。そこで、各領域を表す三つの円からなるベン図上に、SFプロトタイピングに関係する事例をマッピングした。

SFプロトタイピングはまず、産業と学術の交差する分野で誕生した。SFプロトタイピングの有用性が広く知られるようになると、大企業をはじめとした多くの企業が、自社のイノベーションを促進するために、SFの力を積極的に利用するようになっていく。また、こうした動きに伴い、企業におけるSFプロトタイピングを手助けするコンサルティング会社も数多く生まれてきた。

また昨今では、国・軍・自治体などの行政機関がSFプロトタイピングの力に着目し、人々が生活する未来社会の制度を設計するための手がかりとする事例も増えている。こうした試みは産業・学術で行われているSFプロトタイピングを支援する形で行われる場合もあるし、行政機関主導で行われる場合もある。

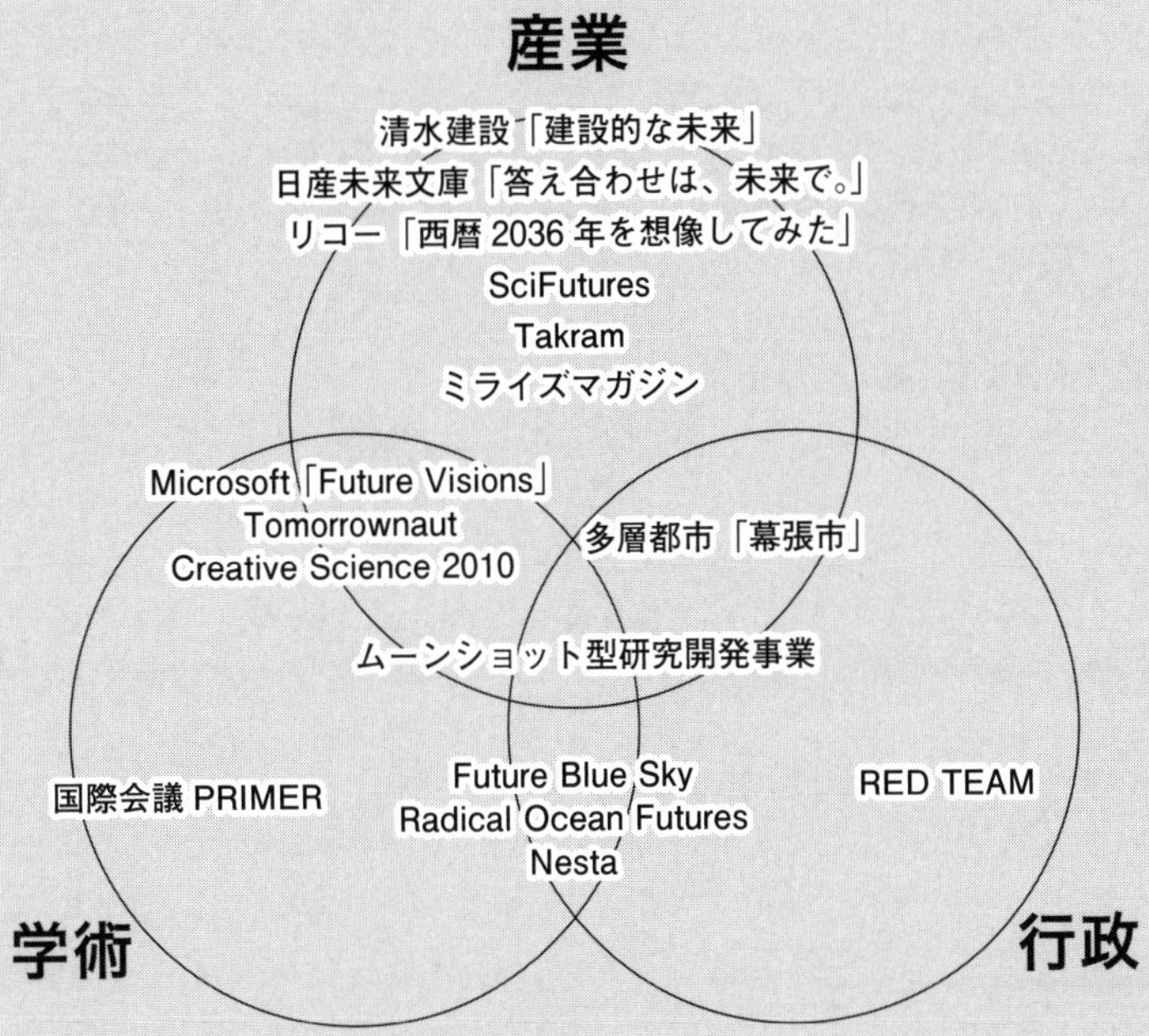

産業
清水建設「建設的な未来」
日産未来文庫「答え合わせは、未来で。」
リコー「西暦2036年を想像してみた」
SciFutures
Takram
ミライズマガジン
Microsoft「Future Visions」
Tomorrownaut
Creative Science 2010
多層都市「幕張市」
ムーンショット型研究開発事業
国際会議 PRIMER
Future Blue Sky
Radical Ocean Futures
Nesta
RED TEAM
学術
行政

清水建設「建設的な未来」

日本 SF 作家クラブと清水建設のコラボレーション。本稿執筆時点で二十弱の短篇が公開されている。先行して同サイト「テクノアイ」内で行われている清水建設の先進技術と未来のビジョン紹介とのリンクを各作品に張り巡らせながら、建築の未来像の新たな可能性を垣間見させる。ウェブでアクセスできる企業の SF コラボ企画としては、量・種類ともにトップレベルを誇る。（難波）

日産未来文庫「答え合わせは、未来で。」

ショートショートとしての作品の形態にこだわった、日産自動車と SF 作家によるコラボレーション。キャンペーンサイトでは、本の頁をめくる感覚で小説が読める。自動運転が可能にする、未来の人々の生活のミクロなあり方を、ユーモラスでヒューマニスティックな物語として提示している。広報寄りの発想で SF を用いたアプローチとして特筆すべき試みである。（難波）

リコー「西暦2036年を想像してみた」

西暦 2036 年にあり得るかもしれないワークスタイルの未来を想像するプロジェクト。コミュニケーション、教育、オフィス機器といった幅広いテーマを取り上げ、各テーマ3話と美麗なイラストで未来が描き出されている。作家と研究者のディスカッションも盛り込まれており、ビジョンを生み出す機能と広報機能とが同時に達成されている優れた例といえる。（難波）

SciFutures

著名な SF 作家から CIA アナリストや NASA エンジニアまでを擁するアメリカのコンサル企業。小説に加え、複数のメディアでの SF プロトタイピングを行う。インテル、ペプシコ、映画会社ゼロ・デイ・フォックスといった企業のほか、アメリカ海軍や陸軍士官学校をもクライアントに迎える。楽観的のみならず悲観的な作品も共有し、未来における価値を見据える姿勢は、SF プロトタイピングの重要な態度である。（難波）

Takram

様々な企業の新事業・新製品・新サービス・新ブランドなどの立ち上げに、テクノロジーとデザインの両面からアプローチし、未来の在り方を提案している日本のデザインファーム。例えば未来の水筒というテーマに対して水分補給機能のある人工臓器をデザインしたりといったプロダクトもあり、SF プロトタイピング的なプロジェクトを多数行っている。（宮本）

ミライズマガジン

未来予測をテーマにしたオンラインマガジン。書き手と企業をつなぐことを意識して、プロアマにとらわれず多様な書き手による SF プロトタイピング作品を、note にて公開・販売している。SF プロトタイピングを軸として多数の作品がウェブ掲載されているケースは珍しく、どのような方向性が SF プロトタイピングで可能かを探る試金石としても読むことができる。（難波）

Future Visions

マイクロソフトが自身の研究センターに SF 作家を招き、研究技術を元に書いた短篇を集めたアンソロジー。映画『ポストマン』の原作者であるデイヴィッド・ブリンや、ヒューゴー賞を複数回受賞したエリザベス・ベアやグレッグ・ベア、女性 SF 作家として後進作家の育成に多くの影響を与えているアン・レッキーなど著名な作家が執筆しており、無料で読むことができる。（大澤）

Tomorrownaut

スペキュラティブ・フィクションや SF プロトタイピングを用いたコンサルティングやワークショップを提供している。元 Google のソフトウェアエンジニアで、ロードアイランドデザイン学校と MIT メディアラボを出たアーティストかつデザイナーのソフィア・ブルックナー氏が運営している。ブルックナー氏はミシガン大で SF プロトタイピングの講座も持っている。（大澤）

Creative Science 2010

SF プロトタイピングという用語の提唱者、ブライアン・デイビッド・ジョンソンが主催するクリエイティブ科学財団が、インテル株式会社とともに 2010 年にマレーシアのクアラルンプールで主催した、初の SF プロトタイピング国際会議。遠隔医療の未来を考えるために SF プロトタイピングを用いた事例や SF のビジュアルインタフェース分析、7 篇の SF プロトタイピング作品などが発表された。（大澤）

国際会議PRIMER

SF 作家、フューチャリスト、研究者などが集まって未来を考察する国際会議。様々な専門家を結びつけて未来の製品・サービスの議論を促進する Design Futures Initiative という非営利団体の年次会議として、2017 年から開催されている。登録すれば誰でも Slack コミュニティに入れるため、興味がある方は覗いてみると良いだろう。（宮本）

Future Blue Sky

航空科学技術の研究開発を行っている JAXA がデザインコンサルティングファーム「IDEO」と連携して実施した企画。生活者を起点に、都市・移動手段、空、災害時における人々のあり方を描いた4つの将来社会のシナリオを、それぞれに主人公を置き、連続したイラストレーションでまとめている。技術ではなく人を中心に描くことを目的としており、SF プロトタイピングの典型例である。（大澤）

Radical Ocean Futures

海の未来に関する、スウェーデンの SF プロトタイピング事例。北西大西洋、西アフリカ沿岸、東シナ海、北極海の4つのケースの未来を論文とともに、シナリオ、ビジュアルアート、音楽のそれぞれで表現している。Swedish Research Council Formas の科学通信助成金によって資金が提供され、『WIRED』と『Nature』に特集された。（大澤）

Nesta

イギリスの科学技術芸術国家基金から出発し、現在は独立したイノベーションファウンデーションとなっている。複数の知識をつなぐハブとして、交通・食料・災害などの社会課題に取り組むためのコンセプト・アイデアを生み出している。あるべき未来を想像し、それを実装していく試みとしてSFプロトタイピングと並列に考えるべき実践といえる。（難波）

RED TEAM

フランス国防イノベーション庁によるプロジェクト。十数人のライター、小説家、脚本家が科学専門家や漫画家と共同し、2030年から2060年の間の「破壊的シナリオ」を作成する企画である。軍が与えたテーマには例えば「未来の海賊」があり、脳波コントロールされた艦隊がハッキングされて地中海で戦争が起こる、バルバリア海賊3.0といったシナリオを描いている。（大澤）

多層都市「幕張市」

一般社団法人METACITY推進協議会による、架空の都市「幕張市」を考えるアートプロジェクト。千葉県千葉市内に存在する「幕張新都心」が「市」だと思われがちであることを逆手に取り、新しい都市の在り方を探ることが目的とされている。イベントとして、千葉市にゆかりのあるSF小説家集団「Dead Channel」によるワークショップも開かれていた。（宮本）

ムーンショット型研究開発事業

日本の内閣府が実施する、ビジョンに基づく研究開発プロジェクト。目標設定のための議論を行うビジョナリー会議には、メディアアーティストの落合陽一、スペキュラティブ・デザインを専門とするスプツニ子!、SF作家の藤井太洋が参加した。また次の目標を探るミレニア・プログラムには、SF作家との共創による「SF実現構想」の作成と検証を目指すチームが採択されている。（大澤）

第2章

クリエイターの「特殊能力」をインストールせよ!

——SFプロトタイピングの方法

クリエイターとの協働は、SFプロトタイピングの最重要ポイントだ。「フィクションによって未来を形作る」という彼らの特殊能力を、ビジネスに生かすには？　企業側に必要な心構えとは？

座談③では、小谷知也氏と樋口恭介氏にお話を伺った。

小谷氏は2011年の『WIRED』日本版の立ち上げから参画していた編集者で、現在は同誌の副編集長を務めている。『WIRED』は海外におけるSFの活用事例を早くから紹介していたメディアであり、2020年6月に刊行された『WIRED』日本版vol. 34「BRAVE NEW WORLD」は、おそらく日本ではじめてSFプロトタイピングを特集した雑誌である。同時期、『WIRED』日本版はクリエイティブ集団「PARTY」とともに、WIRED Sci-Fiプロトタイピング研究所の設立、および同所長を小谷氏が務めることを発表した。

樋口氏は早くからSFプロトタイピングという言葉に着目し、自身のnoteで解説論考を発表するなどして、SFプロトタイピングの流行に火をつけた。SF作家かつITコンサルタントという、まさにSFプロトタイピングを行うのに最適な経歴の持ち主であり、SFの社会実装をミッションに掲げるアノン株式会社のChief Sci-Fi Officerを務めるなど、幅広く活動している。SFと評論を股にかけた執筆活動を行っており、その狭間を行くような作品も独特の印象を残す、新世代の作家である。

座談④では、塚田有那氏と長谷川愛氏にお話を伺った。

塚田氏は編集者、キュレーターとして、世界のアートサイエンスの最新の動向をレポートし、科学と芸術の可能性を探求するWEBメディア『Bound Baw』を運営している。編著『ART SCIENCE IS. アートサイエンスが導く世界の変容』では、アートサイエンス作品の豊富な紹介と実践者の視点を紹介するなど、広く業界に精通した人物である。漫画家、研究者、編集者などを集め、初対面同士で組んだチームでマンガを作るSFプロトタイピング的なプロジェクト「マンガミライハッカソン」の仕掛け人のひとりでもある。

長谷川氏はスペキュラティブ・デザインの領域で活動してきたアーティスト、デザイナーである。人種差別、子育て、妊娠、生殖といったテーマを扱い、インタラクションによって参加者に問いを考えさせる作品を制作している。スペキュラティブ・デザインはSFプロトタイピングの前身とも言える、社会課題をあぶりだし解決を提案するアートであり、著書『20XX年の革命家になるには——スペキュラティヴ・デザインの授業』では、その力と実践が解説され、実際にスペキュレーションを行うためのワークシートも添付されている。

二つの座談会のあとに、宮本道人による論考を掲載した。これは、様々なSFプロトタイピングプロジェクトに参加してきた経験をもとに、そのアウトプットやプロセスの特徴を整理したものである。作例として、宮本が実際にSFプロトタイピングのプロジェクトで制作した作品も二作掲載した。

以上を通し、SFプロトタイピングの方法を具体的に摑んで頂ければ幸いである。

座談3

現実とはフィクションである

ゲスト

小谷知也

「WIRED Sci-Fiプロトタイピング研究所」所長

×

樋口恭介

SF作家、コンサルタント

【ゲストプロフィール】

小谷知也（こたに・ともなり）

1972年生まれ。中央大学法学部政治学科卒業後、主婦と生活社に入社。その後、2001年にエスクァイア マガジン ジャパンに入社。『エスクァイア日本版』シニアエディターとして、映画、音楽、写真、デザイン、建築、都市などにまつわる特集を手がけた後、2009年に独立。『BRUTUS』『GQ JAPAN』『T JAPAN』『HILLS LIFE DAILY』等のライフスタイル・メディアで編集・執筆に携わる一方、『WIRED』日本版に2011年の立ち上げから参画。HPC、人工知能、ブロックチェーン、自律走行車、生命科学など、さまざまな領域の記事を企画・編集・執筆。2018年7月より『WIRED』日本版副編集長。2020年6月より、SFプロトタイピングによるコンサルティングサービスを提供する「WIRED Sci-Fiプロトタイピング研究所」の所長を務める。

樋口恭介（ひぐち・きょうすけ）

1989年生まれ。早稲田大学文学部卒業。2017年、『構造素子』で第5回ハヤカワSFコンテスト〈大賞〉を受賞し作家デビュー。ITコンサルタントとして外資系企業に勤めるかたわら、執筆活動を行う。他の著書に評論集『すべて名もなき未来』がある。2020年6月より、SFプロトタイピングによるコンサルティングサービスを提供するスタートアップ企業Anon Inc.のCSFO（Chief Sci-Fi Officer）を務める。

捨てられた『華氏451度』

難波 おふたりはSFとどのように出会われましたか？

小谷 僕は72年生まれなので、小・中学生の頃、つまり70年代後半から80年代にかけて、SFとは気づかずにアニメを浴びるように観ていました。『ヤマト』や『ガンダム』から、『レンズマン』や『超人ロック』、『幻魔大戦』『クラッシャージョウ』『うる星やつら2 ビューティフル・ドリーマー』『ナウシカ』まで、ほぼ公開初日に観ています。僕にとって「エンタメ＝普通に選んで観ていたもの」が、いまから振り返ればすべてSFだった。自分は文系だったので「ガンダムをつくりたい」とか「ボトムズに乗りたい」とは思いませんでしたが、そういう世界が当たり前のように来るのだな、というふうには思っていました。

歳をとるとともにグレッグ・イーガン★やアーサー・C・クラークを読んでいったのですが、集中的に日本人のSF作家を読み始めたのは実は遅くて、2010年代、『WIRED』日本版に携わるようになってからだったりします。その前に読んでいたのは伊藤計劃★さんや野尻抱介★さん。最初に『太陽の簒奪者』だったか『沈黙のフライバイ』だったかを読んでハードSFの面白さを知り、『ロケットガール』

グレッグ・イーガン（1961-）
オーストラリアの作家。数学の理学士号をもつ。プログラマーを経て専業作家に。科学知識を駆使して未知なる世界を構築するハードな作風を特徴とし、「現代最高のSF作家」として名高い。著書に『万物理論』『ディアスポラ』など。

伊藤計劃（1974-2009）
日本の作家。武蔵野美術大学卒。2006年、『虐殺器官』が第7回小松左京賞最終候補となり、翌年同作で作家デビュー。2008年12月、オリジナル長篇第2作『ハーモニー』を発表。2009年3月、癌により死去。『ハーモニー』は第30回日本SF大賞に輝いたほか、2011年には英訳版がフィリップ・K・ディック記念賞特別賞を受賞して

『クレギオン』『南極点のピアピア動画』『ふわふわの泉』など野尻さんの本は全部読みました。そのあとに小川一水★さんや神林長平★さんを遡って読んでいったかたちです。同時に『ＷＩＲＥＤ』日本版でもちょくちょくＳＦ特集をやるようになって、ついに２０２０年、樋口さんにもご寄稿頂いてＳＦプロトタイピング特集号を出しました。そのまま調子に乗って「ＷＩＲＥＤ Ｓｃｉ－Ｆｉプロトタイピング研究所」も立ち上げています。

樋口 僕がＳＦを意識したのは大学に入ってからでした。２００７年に大学に入っているんですけど、その年に伊藤計劃と円城塔★がデビューしていて。ＳＦを意識したという意味では、そこが一番大きいですね。

小説家になりたいと思ったのは高校二、三年生ぐらいだったんですけど、当時は書こうとしても全然書けなかった。ただ評論めいたものを書くのは得意だったので、小説家じゃなくて文芸評論家にはなれるかなと思っていたんです。でも、円城塔の小説なんかを読むと説明がめっちゃ多くて、小説と評論のあわいにあるような印象を受けました。それでこういうスタイルなら行けるんじゃないかと思い始めて、自分が小説を書くならこういうスタイルで、ＳＦだなと確信を持ったんです。あとは僕にとっては東浩紀の存在も欠かせなくて、批評家である東浩紀が『クォンタム・ファミリーズ』というＳＦ作品を書いているんですね。その作品も、批評と小説が

いる。

野尻抱介
（１９６１－）
日本の作家。計測制御・ＣＡＤプログラマー、ゲームデザイナーを経て、１９９２年、ゲーム「クレギオン」のノベライズ『ヴェイスの盲点』で作家デビュー。

小川一水
（１９７５－）
日本の作家。２００９年から書き継いだ『天冥の標』シリーズ（全10巻）で、２０２０年に第40回日本ＳＦ大賞を受賞。他の著書に『復活の地』『アリスマ王の愛した魔物』など。

神林長平
（１９５３－）
日本の作家。１９９５年、『言壺』で第16回日本ＳＦ大賞を受賞。他の著書に『戦

シームレスにつながっていているような書き方になっていて、「こういうスタイルで書くこともできるんだ」と思ったのが、実作に向かうプロセスとして大きかったです。

一方で、SFに触れた原体験としては、小学生のときに拾って読んだ『華氏451度』の存在が決定的です。当時、町内会で廃品回収があって、月に一度リサイクルできるものを持っていくんですけど、町の子供たちはその廃品の山から欲しいものをパクるというのがストリートカルチャーとしてあったんです。だいたいはエロ本とかを持っていくんですけど（笑）、ある時レイ・ブラッドベリの『華氏451度』が捨てられていて、ジャンプコミックスと一緒にそれを持っていった。それで『華氏451度』を読んだのが、最初のSF読書でした。

小谷　なぜ『華氏451度』を拾ったんでしょう。装幀がカッコよかったから？

樋口　『北斗の拳』や『聖闘士聖矢』と一緒に捨てられていたから、最初は漫画だと思ったんですよ（笑）。そうしたら実は小説で。うちは父親がすごく小説好きで家に日本文学全集があったので、太宰治なんかは読んだことがあって。父からは「こういうのが小説だ」と教えられていたので、小説ってリアリズムのことだと思っていたんですけど、『華氏451度』を読むと何がなんだかよくわからない。小説でもこういうのがあるんだ、という驚きが原体験としてありますね。

闘妖精・雪風』シリーズ、『先をゆくもの達』など。

円城塔
（1972-）
日本の作家。2006年、『Self-Reference ENGINE』が第1回小松左京賞最終候補となり、翌年同作で作家デビュー。2012年、「道化師の蝶」で第146回芥川賞を受賞。2019年、『文字渦』で第39回日本SF大賞を受賞。他の著書に、伊藤計劃が遺した約30枚の未完成原稿を引き継いで完成させた『屍者の帝国』など。

ＳＦをビジネスに使うべき理由

難波　おふたりがＳＦプロトタイピングに関してどのような取り組みをされてきたのかお聞きしたいです。小谷さんは「ＷＩＲＥＤ Ｓｃｉ－Ｆｉプロトタイピング研究所」の所長を務めていらっしゃいますが、研究所はどういう経緯で立ち上げられたのでしょうか。

小谷　メディアとしてこれからどう社会とかかわっていくかを考えたときに、自分たちで記事をつくって発信する、それを広告で支えてもらう、というビジネスモデル以外の立ち位置をつくりたい、というのが一番の理由だったように思います。ＷＩＲＥＤは雑誌とＷＥＢ記事をつくるのがメインですけど、多くのメディアと同様に広告依存モデルなので、やはりコロナ禍によるダメージを免れなかったんですよね。そうしたなかでＷＩＲＥＤという、ＳＦやサイエンステクノロジーとも近しいメディアとして、最近盛り上がりつつあるＳＦプロトタイピングの手法を使って僕らなりのサービスを開発できるのかもしれない、と。そうした想いから、２０２０年の夏にクリエイティブラボ「ＰＡＲＴＹ」と共同で研究所を立ち上げました。

難波　樋口さんはそのＰＡＲＴＹと一緒に、ロボティクスファーム「ＡＴＯＵＮ」

との取り組みでパワードスーツの未来をプロトタイピングされています。そこではプロトタイピングを通じて、身体拡張で自由を得る「フリーアビリティ」の社会を押し出していて、ビジョンメイクをすごく重視されているのではないかと感じました。樋口さんがＳＦプロトタイピングを行うパッションはどのようなものですか？

樋口　僕は普段はコンサルティング会社で働いていて、いまであればＤＸ（デジタルトランスフォーメーション）のような、リアルに存在する先端テクノロジーを使ったビジネス変革を提案するといった仕事をすることが多いので、リアルテクノロジーは自分にとって日常的なもので、かなり血肉化されています。そのため、自分の小説にはそういう「仕事で使っているリアルテクノロジー」が意識しなくともポンポン出てくることになります。一方で、自分が小説を書く過程で調べていった知識や、あるいは書きながら思い出されてくる、過去に影響を受けてきたＳＦ小説から染み出してくる「フィクショナルなテクノロジー」という要素も当然出てくる。小説を書いていると、こういった「リアルテクノロジー」と「フィクショナルテクノロジー」の二つがあまり乖離なく、同じ文脈で並べられるものだという感覚が、身体的にしっくりくるんですね。

自分としてはそういうふうに、リアルとフィクションが地続きであるという認識を持っているのですが、世の中ではフィクションとリアルが完全に分けられている感じがしています。ＳＦはＳＦ、コンサルティングはコンサルティング、と分けられていることに、すごく違和感を覚えたんですよね。その違和感を抱えたままＳＦ作家兼コンサルタントとして働くなかで、「この乖離って一体何なのか？」ということをずっともやもや考えていました。

でも調べていくと、どうやら世の中にはＳＦプロトタイピングやデザイン・フィクション、あるいはスペキュラティブ・デザインと呼ばれる領域において、フィクションとリアルの境目をなくして、フィクションから得られるものをリアルに導入するということが提唱・実践されていることがわかってきた。そういうものを調べると自分でも発信したくなってしまうので、ウェブサイトの note に記事を書いたりしているうちに、今度は企業から執筆の依頼をもらうようになっていきました。そんなこんなでいろいろやっているうちに、現在は Anon Inc. というＳＦプロトタイピング事業を行う会社にも「ＣＳＦＯ（Chief Sci-Fi Officer）」として参画し、ＳＦプロトタイピングの仕事を行っています。

コンサル会社で働くなかで気づいたのは、自分の会社のリーダー層やお客さんの経営層が迷走しているということ。どうやったら新しい戦略を描けるのかが全然わかっていないし、何を読んだら何が得られて、それを現実にどう生かせるのかがわかっていないと。

いまはだんだんそういう問題があることは認知されてきて、だからこそデザイン・シンキングやアート思考が流行っていたり、ビジネスパーソンのための哲学思考のような書籍が売れたりしています。そうしたなかで、ＳＦというのはこれまでずっと未来予測をしてきたり、代替的な現実を描き続けてきたものなので、デザイン、アート、哲学と同じように、ビジネスのフィールドで戦えるツールであると僕は思っている。だからＳＦも使った方がいいですよ、という提案を僕はずっとしてきたんです。そこには知識の分断という不合理に対する想いというか、「使えるものは使っていこうよ」という思想も大前提としてあります。

小谷　ＳＦがビジネスに使えるというのはその通りですよね。ただＳＦプロトタイピングが他のメソッドと大きく違う点は、フィクションを起点にして、そこからぐるぐる思考を攪拌《かくはん》していけるところだと思っています。ポストコロナ禍において、ＶＵＣＡと言われるように社会がますます複雑で曖昧になってきている。これまでのロジックや見通しが通じなくなったときに、いままでのコンサルティングやデザイン・シンキングとは異なる新しい手法を試してみたいという機運が高まっていて、そのひとつとしてＳＦプロトタイピングが注目されるようになっているのだと感じています。

難波　他のメソッドとの違いを掘り下げて聞いていきたいと思うのですが、フィクションを用いることのメリットは何だと思いますか?

小谷　フィクションの力を借りて起こりうるかもしれない未来を描き、そこからバックキャスティング(未来を起点に現在のアプローチを探る手法)でこれからやるべきことを考えるというプロセスは、他のメソッドにはあまりないのかなと思います。「なぜ2050年とか2070年のことを考えないといけないのか?」をネクタイを締めた人たちにプレゼンする際によく喩えとして挙げているのが、日本サッカー協会についてです。日本サッカー協会は「2050年にワールドカップで優勝すること」を目指しているのですが、例えばそのときに、日本代表にマラドーナのようなエースがいて、その人が20歳だったとします。そして、例えばその親が28歳のときに彼を生んだとすると、親は2002年生まれなので、いま18歳。ということは、身体的にもメンタル的にも、その親世代以上である僕たちがすでにガンガン影響を与えているわけで、その影響が悪いものであれば「2050年に優勝する」という目標ももはや間に合わないかもしれない。そうやって30年後と地続きでつながっている感覚をもつと、30年後や40年後を想像することは決して意味のないことではないのかなと思います。

ウィリアム・ギブスン★は「The future is already here, it's just not evenly distributed yet.(未来はすでにここにある、ただ均等に分配されていないだけだ)」と言ってい

ウィリアム・ギブスン
(1948-)
アメリカの作家。1984

ますけど、まさにその「まだ分配されていない未来」を見つけていくのにSFが役に立つ。例えば、パワードスーツはロバート・A・ハインラインの『宇宙の戦士』（1959）で初めて出てきたと思うのですが、それから60年ぐらい経ってようやく、スイス連邦工科大学チューリッヒ校から派生した「サイバスロン★」で強化外骨格が競技用に使われることになりました。つまり、発想から実装まで60年ぐらいかかっているわけです。ドローンもそうだし、人工知能だってそうだと思うんです。技術は時間がかかって実装されるものならば、先に想像しておくのは重要じゃないかなと思うんです。

20世紀の漫画やSF的な物語に登場する未来ガジェットの代表として「テレビ電話」がありますが、いままさに（Zoomでつないで話しているのは）テレビ電話じゃないですか。でもこれをつくったのは、ソニーやパナソニックのようなテレビをつくってきたメーカーでもなければ、NTTやAT&Tのような通信系の事業体でもなく、インターネットというプラットフォームとスカイプのようなアプリケーションによって、いつの間にか実現されていた。そうした非連続的な進歩が起こる前提として、テレビ電話がビジョンとして想像されていることが、割と重要なんじゃないかと僕は思うんです。ジュール・ヴェルヌ★は「人間が想像できることは、人間が必ず実現できる」と言ったそうですが、まさにそういうことかなと。

年に発表した長篇デビュー作『ニューロマンサー』は、SFのサブジャンルのひとつである「サイバーパンク」の金字塔的作品として知られる。

サイバスロン
最先端技術を応用した義肢などを用いて障害者が競技に挑む国際スポーツ大会。第1回大会がチューリッヒで2016年に行われた。

ジュール・ヴェルヌ
（1828-1905）
フランスの作家。「SFの父」とも呼ばれる。著書に『月世界旅行』『海底二万里』など。

そういう種をどんどんＳＦがつくっているし、つくっていかなければいけないと思う。そういう種をビジネスの人たちに打ち込むことで、実装が早くなる、あるいは実装される可能性や選択肢が広がることが、ＳＦプロトタイピングの意味であり価値なのかなと思っています。

難波　あり合わせの技術要素でフォアキャストしたらこうなる、ではなく、バックキャストで「こういう未来が来たら面白いんじゃないか」というところから、50年後のことを計算していったらいまにつながるというのは面白いですね。

小谷　そこがナラティブになっていることの良さだと思うんです。やっぱり物語だと伝わりやすいじゃないですか。それを例えば、テレビ会社やメーカー、通信会社の人が読むのではなく、まったく関係ない人が読んでテレビ電話を実現させることができるのは、物語としてパッケージされているからなんじゃないかと。そこに、フィクションの価値があるのだと思います。

「空飛ぶ車」はもういらない

樋口　小谷さんがいまおっしゃったような気持ちで僕もＳＦプロトタイピングをやり始めたんですけど、結論としてはあまり面白くないというのが正直なところです。

ＳＦプロトタイピングと呼びつつも、実は中身はＳＦプロトタイピングにしないほうがいいんじゃないかと最近は考えています。というのも、パブリックイメージとしてのＳＦってめっちゃ古くて、「新しいものを見よう」と言っても、みんななかなかそういう「古い新しさ」の中から逃れられないんですね。本当は20世紀前半の黎明期のＳＦと、ニューウェーブＳＦ★と、現代の多様化しているＳＦと、ＳＦといってもグラデーションが存在するのですが、世間のイメージは１９１０年くらいのＳＦで、便利なガジェットを提示しまくるみたいな感じのもので、そこでは結局、現存するリアルテクノロジーっぽいものを期待されたりします。

　要するに、ＳＦプロトタイピングと言って始まるプロジェクトって、そういうガーンズバック的なイメージが多くて、まずＳＦって何？　というところから話さないといけないということがわかってきたんです。具体的な例を挙げると、ＳＦプロトタイピングのプロジェクトって、「新しい都市をどうやって設計するか」「リモートワークの次に来るものは何か」「ロボットやＡＩと一緒に暮らす社会はどんな感じか」みたいな問いを投げかけられることから始まることがあるんですけど、そういうのはつまらないんですよね。考えなくても、ちょっとググるとけっこうわかっちゃうから。そういうわけで、ＳＦプロトタイピングにおける「ＳＦ」要素を前提の確認抜きに押し出しすぎるとダメで、こっちでちゃんと思想と信念をもって

ニューウェーブＳＦ
内宇宙の探究を主眼とした、思弁性・文学性の高いＳＦ。１９６０年代を中心にムーブメントが起き、Ｊ・Ｇ・バラードやハーラン・エリスンといった作家が主導した。

ＳＦのビジョンを提示していかないとスベる、ということが最近わかってきた。

小谷　そうそう、それは僕も思います。ＳＦプロトタイピングってもちろん「ＳＦ」は重要なんだけど、それ以上に「プロトタイピング」が重要なんじゃないかと思うんですよね。そこのメソドロジーをつくっておかないと、サービスを受ける人の満足度が全然違ってくるのではないかと。

宮本　まさにそこをお聞きしたかったんですけど、クライアントの要望とのズレみたいなことって、これまで具体的にはどういうものがありましたか？　いまお話に出たように、クライアントの求めているものが一昔前のＳＦのイメージだったりすることがけっこうあると思うんです。

樋口　ＳＦプロトタイピングが効果を発揮するスコープって、社会情勢が変わったとか、そもそもマーケットが存在しないからどうしたらいいかわからないとか、「ゼロからつくって想像してみましょう」というところにあると思うんです。でも、そういう前提を共有していないクライアントから声がかけられる場合は、「空飛ぶ車をつくりたいんだけどどうすればいいですか？」というような、すでにプロダクトが決まった状態でその販売方法やニーズの特定をやりたい、ゼロイチというよりはイチの妥当性を１００にもっていきたいという話をされることが多いんです。それはちょっとズレていて、だったら普通にビッグデータを使って予測すればいいのではと思ってしまう。

ＳＦプロトタイピングの思想の前提にはビジョン・ドリブンというものがあると思うんですけど、クライアントがそのことをわかっていないと、イシュー・ドリブン★、あるいはシーズ・ドリブン★的な進め方をしたがります。その理由は、そもそも組織のあり方が官僚主義的なツリー構造になっているからなんですよね。だから組織を抜本的に改革するような場を用意しなきゃいけないのですが、それはもはや当初想定されたＳＦプロトタイピングのスコープではなくなってしまう。ではどうすればよいか。

そういうときに、僕はよく「ＳＦプロトタイピングをやります」と言いながら、デザイン・シンキングのワークショップをするとか、その場で疑似的なティール組織★をつくってあげるということをします。具体的にはワークショップのなかでロールプレイをして、役を振るわけです。すると、役員も新入社員も立場が関係なくなって、新入社員がチームリーダーをしたり、役員がアイテムＡを取ってくる役回りをしたりといったことになります。そういうかたちで現実の組織のあり方から抜け出ることで、コミュニケーションの流れが変わることがある。ＳＦプロトタイピング以前に、そうしたことをやらないといけないということが最近わかってきました。

イシュー・ドリブン
目前にある問題・争点（issue）を起点とした捉え方。

シーズ・ドリブン
ビジネスの種（seeds）となる新しい技術・サービスを起点とした捉え方。

ティール組織
進化型組織。信頼で結びついた個々のメンバーに意思決定の権限が与えられ、時代の変化に合わせて組織の存在目的も進化する。

小谷　僕らのプログラムでは6カ月で月2回、全12回の設計なんですけど、最初の2〜3回は準備フェーズにしています。そこでチームの意識合わせだったり、クライアントの課題を特定するという「地均《じなら》し」をやらないといけないのかなと。その準備が、その後の仮説づくり、実際の創作をする前に大事ということを僕らも話していますね。

宮本　そうしたSFプロトタイピングの場でよく気づくのは、中の人の意識の違いがけっこうあることなんですよね。上の世代はゼロイチじゃなくて、自社のアイデアを実現させたいと思っているのに対し、下の世代はむしろゼロイチで新しいことを考えたい。下の世代がいろんなアイデアを出しても、上の世代が「それは実現できないんじゃないの？」と潰しちゃうケースがあって辛いという……。

樋口　それはめちゃめちゃありますね。おそらくそこには組織的なインセンティブの問題があるんだろうと思います。平社員はめちゃくちゃなことを言ってもクビにならないし、自分の成果に関係ないから言えるんですけど、部長職以上だとプロダクトにひもづくノルマがあるから、SFプロトタイピングの成果で評価されるというインセンティブが働くんですよね。

小谷　新規事業をつくって潰れたら、その人の責任ですものね。

樋口　そうなんですよね。日本企業のイノベーションのジレンマが根本的な問題としてあって、それを破壊しないといけないんです。

ディストピアをいかに提示するか？

小谷　おそらく、ＳＦのいいところはディストピアを平然と描けることじゃないかと思います。例えばソニーから突然ディストピアな未来像が提示されたら驚きますが、それがＳＦプロトタイピングを経て生まれたフィクションだとしたら「ああなるほど」と腑に落ちるわけで、「だったらそうならないようにこうしましょう」ということを考えることができる。しかも物語なので、社員のなかでも共有しやすいし、企業のメッセージとしても伝わりやすいわけです。

樋口　本当にその通りで、僕はＳＦプロトタイピングかどうかよりも、フィクションかどうかが大事だと思っていて。いまの社会は合理主義が行きすぎて、コストカットしすぎて、長期的にしか影響が出ないものはなくしていこうとなった結果、遊びの余地がなくなってしまっている。その結果、組織の中でのフィクションの地位も低くなっていった。いま会社の中でフィクションをやっても、事業としては成立しないと思うんです。

それでもフィクションの大事さがよくわかるのが、例えば最近の広告の炎上問題だと思います。いきなり「こういうプロダクトをやります」「こういうサービスをやります」とフィクションを経由せずに提示して、「こんなのディストピアじゃん」と炎上して、せっかく投資したプロダクトを撤回しなければいけなくなる。ダイレクトに現実を考えてしまう、ダイレクトに現実に訴えてしまうから、おかしなことになってしまっているわけです。そこは一度、フィクションに基づくシミュレーションを経由して、仮想的な身体感覚として体験したほうがいいんじゃないかと思う事例が、いろんなところであるんですよね。

まさに小谷さんがおっしゃったように、フィクションならディストピアを仮説として提示できる。そこでみんなで議論できるし、じゃあどうすればいいのかを考えられるようになると思います。

宮本　ただ、「ディストピアを書かないでくれ」というリクエスト付きのSFプロトタイピングが多いようにも感じていて。「自社に関する明るい未来を伝えたい」という要望をもつクライアントのほうが多いと思うのですが、それだとあまり面白くない。クライアントからディストピアにNGを提示された場合、どういうふうにクリアしていくべきだとお考えですか?

樋口　僕としてはアプローチが三つあると思います。ひとつは、断る（笑）

一同　（笑）

樋口　もうひとつが、ちゃんと思想を理解してもらうように、すごくしゃべる。さっきの「古いＳＦ」を更新するような説明をして、前提を揃えていくわけです。最後に、これが一番現実的なんですけど、五人ぐらいＳＦ作家を用意して、シナリオのオプションを用意する。そのなかで、一本はクライアントのお望み通りのものを書きましょうと。もう一本はもっと理想の未来を書きましょう。でも一本は、ディストピアを書きましょうと。

　これは、シナリオ・プランニングの手法としてはけっこうあるあるだと思います。シナリオ・プランニングって条件分岐で考えるものなので、「分岐によって生まれた五つのシナリオについて詳細なナラティブを書きましょう」と提案すれば、納得感が得られるかたちでディストピアが描けるのではないかと思います。

小谷　僕たちのプログラムでも１・２・３はまさに内包しているなと思っています。１の「断る」はなるべく最後にとっておきたいんですけど（笑）。２の「説得する」は、先ほどもお話ししたように準備の段階で目線を合わせることに相当します。そして３に関して言うと、僕たちが考えているプログラムでは、全セッションに参加するリードのＳＦ作家が一名と、オルタナティブで二名、計三名の方に書いていただこうというふうに思っています。なので樋口さんがおっしゃったように、「この人にはディストピアを書いてもらいます」というバランスを取ることはできるのかなと。
　未来について語るとき、ＷＩＲＥＤでは「Future」ではなく「Futures」という言い方をしています。未来はどんどん分岐していくもの、いつだって複数形だと思うんです。ある企業がある未来についてすごく説得力のある物語をつくってしまったら、一企業のＳＦプロトタイピングのプロジェクトとして責任が大きすぎる可能性だってあるわけで。なので、いつだって選択肢は残しておいたほうがいいんじゃないかと思っています。

ダイナミズムを殺してはいけない

大澤　樋口さんのお話で納得したのは、ＳＦプロトタイピングはコミュニケーションとしての役割が大きいんじゃないかということです。新しいアイデアを生むだけでなく、異分野の人たちがＳＦプロトタイピングを通じて意見交換できるのがメリットなのだろうと思っています。そこでフィクションならディストピアを描ける、そのディストピアをベースに議論できるということに、とても価値があるんじゃないかと。例えばＳＦを広報に使いましょうという話はよくありますが――

樋口　それは一番ダメなやつですね（笑）

大澤　ただ社外への広報というよりも、社員たちに議論させるためのツールとしてSFが機能する例が、実はあるんじゃないかと思うんですよね。そこらへんは、SFのひとつの価値として押し出していけるのかなと思いました。

樋口　僕はどうしてもフィクションという言葉にこだわってしまうんですけど、ユヴァル・ノア・ハラリ★はシェアード・フィクションがあったから文明が発達してきたという話をしているじゃないですか。それはマジでそうだと思うんですけど、企業のなかで組織人として働いていると、あまり現実をフィクションだと思えないように教化されちゃう気がしていて。つまり、この会社はこういう事業をしています、あなたはそのなかでこのプロジェクトをしていて、こういう役割を与えられています、と。で、組織のなかの一人ひとりは、その構造は所与の前提であり、自分では変えられないものだと思ってしまっている。

だけど、現実もフィクションであり、変えられるということに、フィクションを経由することで気づけるかもしれない。フィクションが改変可能であるのと同様に、目の前の現実も改変可能であるということを、組織のなかで働く一人ひとりが認識することがかなり大事なんじゃないかと思います。だからSFである必要はないのですが、フィクションをどんどん流通させることで組織の風通しをよくすることができる。それが、組織におけるフィクションの役割として一番大きい気がします。

ユヴァル・ノア・ハラリ（1976-）
イスラエルの歴史学者。ヘブライ大学教授。オックスフォード大学で中世史、軍事史を専攻して博士号を取得。人類の歴史における「虚構」の役割を論じた『サピエンス全史』は世界中で大ベストセラーになった。他の著書に『ホモ・デウス』『21 Lessons』など。

難波　先ほどおっしゃっていた、広報にするのがダメな理由は何でしょう？

樋口　広報のツールにするというのは、広報担当がそのプロダクトの一環でやるだけだから組織が動かない。だから組織構造にとっても意味がないし、広報がやっても経営企画やマーケティング、デザインの部門に波及しないので、次につながらない。事業的にもあまり意味がないということです。

あとは、ＳＦプロトタイピングという言葉にとってもよくないですよね。ＳＦプロトタイピングとかデザイン・フィクションには、コミュニケーションのあり方を柔軟にするとか、組織の風土を改変していくことが大事な役目としてある気がするんですけど、ただの広報のツールとして、つまり「うちの会社はこんなにも未来のことを考えているんですよ」とアピールするためだけの道具としてＳＦプロトタイピングが認知されてしまうのは、けっこうヤバイですよね。

宮本　権威付けに使われる、あるいは「あの会社は面白いことをやっていそう」と表面的に思わせるためのツールとして使われてしまうことはありえますよね。それも大事なことかもしれないですけど、作家側がコントロールされてしまうのはもったいないです。

樋口　やっぱり偶然的な事故が発生しないものは、すぐに形骸化を呼ぶものになる。それはたぶん、デザイン・シンキングとまったく同じことだと思うんです。デザイン・シンキングって流行りものだから、付箋をぺたぺた貼って、その結果を写真に収めてパワポに貼って、経営層に報告するだけのものになっていて。そこではデザイン・シンキングによって生まれるはずのダイナミズムが完全に失われている。デザイン・シンキングが結果ありきのものを下支えするためのツールにしかなってないという事態は、いろんな組織で起きていて。やはりコントロール可能なものになると形骸化を招くので、SFプロトタイピングも易《やす》きに流れてしまうとそういうことになると思います。ダイナミズムをつくるためには事故が必要であり、強制的に事故を起こすことのできる手段として、SFプロトタイピングは使われるべきだと思います。

宮本　小谷さんは、形骸化しないように作家とクライアントをどうつないだり、どういう枠組みをつくることに気を付けていますか？

小谷　なるべく「クライアントの望む未来を攪拌するために来たトリックスター」という体《てい》で臨みたいとは思っていますね。つまり、クライアントがもっているあるテクノロジーがあったとして、それを未来にどうインストールしていくかは実はどうでもいいです、と。いや、どうでもいいですとは表立って言わないし、最終的にはそこに結び付けていかないといけないわけですが、スタンスとしてはトリックスターでありたいなと。

ＷＩＲＥＤのサービスに興味をもってくれたクライアントさんと話をしたときに、「ＳＦプロトタイピングってこういうことなのかな」と思ったことがありました。例えば、飲料メーカーの50年後を考えるときに、メーカーとして何をやっていくのかというところには最終的に落としていかないといけないのだけど、別に未来には飲料メーカーだけが存在するわけではないじゃないですか。そこには個人がいて、社会があって、世界がある。その未来を描けるのがＳＦの想像力で、飲料水を届けるための何かだったり、飲料水を手に取るに至るまでの気持ちだったりを考えると、やるべきことが他の業種に染み出していくはずなんですよね。

つまり、「飲料水の未来」を考えるときに「飲料水だけの未来」を考えてはいけない、という気付きを与えられることが大切なのかなと。それはデザイン思考では出てこないような思考プロセスだと思います。だからなるべく、「ＳＦ作家にうちの技術を使ってこんな未来を描いてもらえるといいな」というクライアントの考えを打ち砕いていって、もしくは違うところにまでつなげていって、「一緒にジョイントベンチャーをつくったほうがいいんじゃないですか?」みたいな提案にまで発展したり、違う業種へのブリッジになるような意識付けもできたらと思っています。

樋口　まさに、ＳＦプロトタイピングでは本当にそういうのがあるあるですよね。案件をやるたびに、毎回予想外のことが起きるなと僕も思います。やっぱりパワポ的なプレゼンテーションだと、箇条書き的になってしまう。一方でブレスト的に議論を拡散させていくとき、例えばある情報要素AとBとCがあるときに、要素DやEが小説を書く過程で生まれてくるというのがナラティブの性質としてある。SFプロトタイピングにはそういうダイナミズムがあるので、やっていると必ず予想外のところに結論がいってしまうという特性がありますよね。

大澤　広報に使ってしまうと、そこのダイナミズムが生かされないのがもったいない、うまみを生かせないということですね。

プロセスに巻き込ませること

小谷　樋口さんがこれまでやられてきた案件では、多様なナラティブを収束させるにはどういう判断で着地させていますか?

樋口　案件にもよりますね。事業戦略をこれから書きますとか、プロジェクトがまだ始まっていなくてアイディエーションの段階なんですということであれば、収束させなかったりします。

反対に、プロジェクトをやることが決まっていて具体的なアクションを考える必要があるなら、線表を引いて、ナラティブのなかで出てきたアイデアをプロットしていきましょうと提案します。バックキャスティングで考えて、要素Eは50年後ぐらいにしか無理だろうからここに置きましょう、そのためには30年後にはこうなっていないといけないから要素Dはここに置きましょう、と。そうすることで、直近でやるべきことまでアイデアを置くことができます。

宮本　アウトプットのかたちを考えるときに、クライアントごとの違いがどういうふうに発生しうるかは気になっています。大きい会社、小さい会社、行政組織といろんなタイプのクライアントがいるなかで、クライアントごとに違いというのはありますか？

樋口　それはあると思います。Sっぽい積極的なクライアントか、Mっぽい受け身なクライアントかによっても、取材して出てくる情報が全然違うと思うんですよね。SF作家はビジネスに関しては素人であり取材しないと始まらないので、ディスカッションが大事になってきます。そのときにSF作家を尊敬していろいろと協力してくれる、どちらかと言えばMっぽい企業であれば、聞ける情報も多いのでいいものができやすい。逆に堅い会社は堅いことしか言わないから、それで得た情報で小説を書いても、教科書っぽい話になっちゃうんですよね。結局は取材して得た情報を使って物語を書くわけだから、面白いことを言ってくれるような会社じゃないとダメというところはありますね。

宮本　小谷さんはアウトプットのかたちについてどう考えていますか？

小谷　作家の方々は普段、どのような思考プロセスを経て未来を舞台にしたフィクションを編みだしているのか……。そのプロセスを抽出して自分なりの武器として使えるようになっていただく機会をお届けするのも、ＳＦプロトタイピングが担える役割のひとつなのかなと思います。僕が作家ではなくプロデュースする側だからなのかもしれませんが、ＳＦプロトタイピングの成果物は必ずしも作家が書いたナラティブだけではなく、「フィクションによって未来を形づくる」という作家の方々の特殊能力を浮き彫りにし、それを別のところでも生かせるようになる、ということが残せるといいかなと思っています。

樋口　いずれにしても、クライアントが本気かどうかが大事ですよね。ＳＦプロトタイピングに限らず、デザイン・シンキングなどの手法でもそうだと思うんですけど。流行りものだからＳＦ作家を呼んでみました、というのだとダメというか。

小谷　そう、だからクライアントを〝お客さん〟にしてはいけないんだろうなと。そういう意味で、反転学習のような感じで事前に宿題を出しておいて、ミーティングのなかでは答え合わせをするのもありだと思います。作家や識者の方にレクチャーしていただいたり、作品を読むのは事前にやっておいてもらって、リアルの場ではそれを踏まえた議論をするほうがクライアントをお客さんにさせないでおくことができると思っています。

大澤　これまでの経験で一番良かったパターンのプロセスにおける、取材、ディスカッション、作品づくりのバランスはどれくらいでしょうか？

樋口　バランスの前のそもそもの話をすると、ＳＦプロトタイピングのあり方っていくつか選択肢があると思うんですけど、ＳＦ作家がただ書いてただ納品するというようなパターンが一番よくない。それは単にやれる人がやっているというだけで、何の変革もないからです。なので、取材して納品するのはそもそもよくないと思いますね。

僕がやってよかったのは、ワークショップ形式のもの。僕があらすじだけ考え、それをみんなに配布してチームをつくり、「登場人物Ａについてはあなたが考えてください」「登場人物Ｃについてはあなたが書いてください」と割り振りをして、ディスカッションをしながらみんなでエピソードを考えていく。最初は箇条書き程度なんですけど、出てきたアイデアを並び変えて、ストーリーボードをつくっていって。それに基づいて僕が小説を書いて、それを元にまたみんなでディスカッションしていく。

要はクライアントの人たちが自分で手を動かしてシーンを描くとか、登場人物になりきってセリフを書くということが大事なのかなと。僕自身もＳＦプロトタイピングをやっていて楽しかったですし、ダイナミズムがありましたね。これは2カ月で全8回ぐらいのプログラムでやりました。

宮本　小谷さんはそのあたりの設計はどう考えていますか？

小谷　僕らも似たようなプロセスは入れたいと思っています。プログラムでは最初に準備フェーズをやって、その次からはお題を出してワークショップ形式でやっていく。質問を埋めていけば物語になるようなものをつくっているんですけど、それをグルーピングして、アイデアを広げる。そうして最終的に出てきたものを使って、作家さんに「こういう方向性のものを書いてください」とお願いする。そこに至るまでに、クライアントの人にも頭を使って創作してもらい内面を出させる、ということは大事にしたいですね。

大澤　なるべく作成プロセスに巻き込ませることが大事と。

樋口　大事ですね。やっぱり「SF小説を書いてください」「書いてきました」だけだと、ふーんって感じで終わりですから。

SFプロトタイパーを担うのは誰か？

難波　SFプロトタイピングの典型的なイメージって「SF作家が書く」というも

のだと思うんですけど、「SFプロトタイパー」という職業って実は特殊で。ワークショップを開いたり、コンサルティングをしたり、場合によっては自分でも書けるような、かなり特殊な能力がいると思うんです。だからSF作家の人がみんなSFプロトタイパーになれるかというと、それは違う気がします。樋口さんはコンサルタントと作家の両方の力があると思いますが、ご自身ではどう感じられていますか？

樋口　それはあると思いますね。僕はけっこう特殊な人間で、ぶっちゃけ小説を書くのはヘタクソで、しゃべる方がうまいんですよ（笑）。なので、文脈がおかしな方向に逸《そ》れても「ここは論点が三つあって……」と適当なことが言えるわけです。

SFプロトタイピングのメソッドはまだまだ確立していないですし、確立させていいのかどうかという迷いもあるのですが、結局は僕が素になることで相手も素になってもらうというのが、いまの僕のやり方においてはしっくりきています。つまり、自分がSF作家であるとかコンサルタントであるとかは関係なしに、自分がしゃべりたいことをしゃべり、相手にもしゃべってください、素になってほしいということは言いますね。そういう意味ではコーチングにすごく近いかもしれません。互いに生身の人間として面白いことをしゃべろうよ、と。

だからSFプロトタイピングをやるにあたって、SF作家であるかどうかは関係ない気がします。ＳＦ小説としてのクオリティを求めている人間って誰もいないし、そのクオリティを判断できる人間はクライアントのなかにいないと思うし。僕も最初、ＳＦプロトタイピングはＳＦ作家がやったほうがいいのかなと思っていたんですけど、そうじゃないことがだんだんわかってきました。もちろん、ＳＦ作家にも元エンジニアや元コンサルタントの人もいるのでＳＦプロトタイピングがうまい人もたくさんいますが、必ずしもそうではないのかなと。

大澤　そこで開拓の可能性を感じるのは、ＳＦ作家にとっては文芸の基準とはまた違ったかたちのフィールドがあるということ。ＳＦプロトタイピングのフィールドのほうがしっくりくるという人もけっこういるのかもしれません。

樋口　いそうですね。

大澤　それは作家の視点で考えると、活躍の場が増えることでもあるのかなと思います。

樋口　ＳＮＳを見ていても、フィクションっぽい記事がめっちゃバズっていたりするじゃないですか。でもそのなかには「文芸としてはゴミだよね」というのがかなりあると思うんですよ。でもFacebook上では、普段は全然小説を読まないし、普通に会社員をやっているような人がフィクションの力に当てられてウケていて、コメントし合っているという状況がある。そういうのって、ＳＦプロトタイピングの今後のあり方を考えるときにも可能性としてあると思います。

大澤　研究者にＳＦから受けた影響を聞いても、単純に文芸として評価されているポイントが影響しているかというと、必ずしもそうじゃなかったりするんですよね。もっと設定やギミックなどの要素レベルであったり、刺さる部分は人によって違っていて。人がＳＦに求めるものとはズレがあっても、ＳＦプロトタイピングのなかでそのズレを広げて考えることはできる。そう考えれば、ＳＦプロトタイピングで生まれるものは、完結していない小説でも、もっとアイデアベースのものでもいいんじゃないかとも思うんです。

小谷　誰がＳＦプロトタイピングを担うかを考えるときに気にしないといけないのは、多様性。例えば、プロジェクトチームをつくるときにも、作家の方、識者の方の男性・女性のバランスには必ず気を配っています。僕らはまだＬＧＢＴＱ＋の方を入れたことはないですけど、そういう方に入ってもらうことも重要だと思います。

未来をひとつの価値観だけで考えてはいけないと思うんです。例えばチームに女性の方がいるだけでもフェムテック★の話が出てきたりします。そういうふうに価値観を混ぜていくことを気にしてやらないと、どうしてもＳＦ好きが集まると男性ばっかりになってしまう。そこは気にしたほうがいいのかなと思いますね。

フェムテック
女性の健康や美容にまつわるテクノロジー。

真顔でわけのわからないことを言え

宮本　最後に、これからのＳＦプロトタイピングをどうしていったらいいかという話ができたらと思っています。いま流行り始めているＳＦプロトタイピングのブームを、一過性のもので終わらせないためには何が必要でしょうか？

樋口　二つあると思います。ひとつは、ビジネスとしてではなくて、市民が参加可能な自治体のワークショップとかで、当たり前にＳＦプロトタイピングをやるのが大事だと思います。田舎だと、祭りの前に子供たちが集まって太鼓の練習をしたりしますよね。僕の地元では、女の子は踊りを踊れたし、男の子は太鼓や笛を吹くことができた。そんな感じで、地域の文化のひとつとしてみんなでフィクションを書くことをしてもいいいんじゃないかと思うのがひとつ。

もうひとつは、ビジネスとしてのＳＦプロトタイピングのあり方を考えると、コンサルティング会社がいま、戦略、テクノロジー、デザインといろいろなメニューをもっているなかで、ＳＦプロトタイピングもオプションとしてあってよくて。「このプロジェクトにはデザイナーやエンジニアを入れましょう」と考えるのと同じように、「このプロジェクトは未知の領域だから、ＳＦプロトタイパーを一人アサインしましょう」と。事業内容のメニュー選択のひとつに、ＳＦプロトタイピングがバンドルされていることが大事な気がします。流行りもの、新しいものとしてではなく、普通のものとしてSFプロトタイピングが使われるのが大事。

小谷　そしてやっぱり、成果をどんどん出していくことですよね。「あれはSFプロトタイピングから生まれたいい事例だよね」というものをいろんな人たちが残していくことで、流行りものじゃなくて、有用なものなんだと思ってもらえることが重要なのかなと思います。

　あとはプロデュース的な立場から言うと、SF作家の方やSFのファンダムを汚さないこと。そこに煙たがられない、睨《にら》まれないようにちゃんとやっていかないといけないのかなと。

樋口　睨まれたらSFを名乗らなければいいんじゃないですか？　これはフィクションプロトタイピングです、と（笑）

小谷　確かに（笑）。でもそこは、「フィクション」ではなく「SF」プロトタイピングの役割がこれからもずっとあるんじゃないかとも思っています。

　以前『電脳コイル』の磯光雄さんに取材をしたときに、いまってSF黎明期の人たちがSFを書き始めた頃に似ているんじゃないかということをおっしゃっていたのが、すごく示唆的でした。つまり、19世紀から20世紀初頭には自動車や蒸気機関車、飛行機が出てきて、それがどうなっていくのかわからないまま、物語のなかで使われ方が発明されていった。実社会ではそこまでいっていないのだけど、技術の使われ方をどんどんプロトタイピングでつくっていく役割をＳＦが果たしていたということです。

一方でいま、『ＷＩＲＥＤ』日本版のＳＦプロトタイピング特集のなかでウィリアム・ギブスンが言っていたように、僕らは22世紀を描けていない。確かに20世紀って、それこそ空飛ぶ車とか銀色のピタっとした服とかがイメージされて、現実には何ひとつ実現されていないけど、いずれにしたって未来像は提示されていました。それに対して、いま僕らは22世紀を提示できていないとギブスンは言うわけです。その未来像をＳＦを通じて提示し、ＳＦプロトタイピングがビジネスや行政とつなげることで、22世紀をつくっていく。その種を蒔《ま》いていく。そうしたことをやり続けられるのは、やっぱりＳＦなんじゃないかと思うんです。

宮本　それと同時に、最近の未来像をイメージした絵が似ているのは問題だと思っています。ＳＦプロトタイピングに求められるものも、どうしても空飛ぶ車のようなステレオタイプになりがちで、そうするとＳＦプロトタイピングも徐々に同じようになってしまうのかなと。ＳＦには本来、ファンタジーもホラーもミステリ的なものもあると思うんですけど、ＳＦプロトタイピングの場では、どうしてもテックフィクションを求められてしまう。これはどうやって回避していけばいいでしょうか？

樋口　自分が書くときには、異常者のふりをするというのが大事ですね（笑）。最初の打ち合わせで、クライアントからはいわゆるＳＦのイメージを期待されるわけですけど、「ＳＦってそういうものじゃないんだよ」ということを言いまくる。あらすじを書くときにも、みんなは10年後のことを考えたくて僕を呼んでいるのに、５００年後の話を始めたり、いきなり木星の話をする（笑）。そうやって一度ぶっ込んでおくのは大事な気がしますね。

小谷　イノベーションの文脈で言うと、やっぱりクライアントはディスラプティブ（破壊的）なことを求めていると思うので、既定路線ではなく、いま樋口さんがおっしゃったようにすごい文脈をぶちこんで、かき混ぜて、混乱させていくというのは、他のビジネスコンサルティングの手法にはないのかなと思いますね。

樋口　そうですよね、真顔でわけのわからないことを言えるのがＳＦプロトタイピングの強みですよね。すごい真顔で「５００年後の人類は……」と言い始める。「えっ？」みたいな雰囲気になるのが大事な気がします。

小谷　きょとんとさせてナンボ、みたいな。

樋口　そう、「まず国がなくて……」とか（笑）

小谷　それがパワポじゃなくて、物語になっているから伝わるし、「なるほど」と思ってもらえるのがＳＦプロトタイピングの面白さだと思います。

大澤　とても大事な気がします。最初は「えっ？」となっても、その議論から触発されて生まれるアイデアこそが大事なので。空飛ぶ車のようなステレオタイプとは違う、ＳＦプロトタイピングの使用実績をもっと伝えていくことができれば、ＳＦ全体の底上げにつながるとも思いました。

難波　ＳＦプロトタイピングの効用というか、単に作家に依頼するだけでなく、ＳＦプロトタイパーが組織をぐちゃぐちゃにして新しいものをつくっちゃうという事例を共有するというのは、僕ら研究者の仕事ですね。

カウンターカルチャーとしてのＳＦプロトタイピング

宮本　樋口さんは、ＳＦプロトタイピングの今後についてどのような展望をお持ちでしょうか？

樋口　展望はとくにないですけど、みんなグレッグ・イーガンとかの話を当たり前に会社の会議でしているような世界をつくりたいですね（笑）。具体的にどういう話がＳＦなんですか？　と聞かれるときに、僕はよくイーガンの『ディアスポラ』がぶっとんでいるのでその話をするんですけど。まず30世紀から始まって、人類は三種類いて、主人公は強化学習で生まれた情報パターンで、地上にはパワードウェアを着ている肉体人と機械人がいて、情報パターンの主人公はミクロサイズの宇宙船に乗って宇宙を旅するんだけど、その過程でガンマ線バーストが降り注いで肉体人は半滅亡状態になって……「ＳＦってこういうものですよね？」と言って、よく引かれたりするんですけど（笑）。でも、そういう前提から始められる世界が理想ですよね。「『ディアスポラ』で言うとどこを目指したいですか？」みたいな話が普通にできるといいなと。

宮本　確かに、そこまでのスケールで世界を見てほしいというのはありますね。

小谷　昔、スタートアップ企業のいろんなＣＥＯ等に「影響を受けたＳＦは何ですか？」と聞いた記事があって、たいていはアーサー・Ｃ・クラークだったんだけど、ピーター・ティール（PayPalの創業者）やセルゲイ・ブリン（Googleの共同創業者）がニール・スティーヴンスンの『スノウ・クラッシュ』を挙げていて、「さすが、よくわかっていらっしゃる」という反応をＳＮＳ上でもらっていました。そうやって、ちゃんとイケてるＳＦを読んでいる人が尊敬されるような世界に日本もなってほしいと思います。

　あと僕は仕事柄スタートアップの世界も近くで見ているんですけど、やっぱり日本の頭のいい子たちってどこかバランスが悪くて、例えば聴く音楽がすごくダサかったりする。そこがシリコンバレーのスタートアップとまったく違うところなんですよね。だから、それこそまず最初にOPN★を聴いてもらうとか、聴く音楽がイケてるのと同じ感覚で、読むSFもイケてなくちゃいけないんじゃないかなと。日本のビジネスパーソンたちのカルチャーのセンスが全体的にもっとよくなるといいなとは思っていて、そうしたことも伝えて、カルチャーに価値をもってもらえるようになるといいですよね。

樋口　『WIRED』日本版前編集長の若林恵さんはWIREDの魅力を「テクノロジーでなんでも言えること」みたいに言っていて。テクノロジーを切り口にすれば、ビジネスも政治も文化も言えるから、WIREDはそのへんが無敵なんだよね、と。確かにWIREDは、テックメディアという前提が共有されているからこそ何を言ってもいい、いきなり音楽を流してもいいみたいなところがありますよね。SFプロトタイピング特集号も、テックメディアなのに中身は文芸誌で、でも全然違和感がないし、普通に読まれている。それは、WIREDの文脈が社会的に共有されているからなんだろうなと。

小谷　まさにこれは、文芸誌というフォーマットをハックする気持ちでつくりました。これからも一年に一度ぐらいはやろうかなという感じですね。

難波　今日の議論を経て、WIREDを基盤にしてSFを広めていって、SFプロ

OPN
ワンオートリックス・ポイント・ネヴァー。ニューヨークを拠点に活動するミュージシャン、ダニエル・ロパティン（1982-）の別名。ノイズ、アンビエントなど実験的なエレクトロニック・ミュージック作品で世界的に高い評価を得る。

トタイピング特集号を道徳の副読本にするとか、教科書にイーガンを載せるとか、そういう活動を僕らはしていくべきだということがはっきりしてきましたね。

樋口　でも、WIREDはカウンターカルチャーであるべきだから、教科書とかっていうのはやっぱり違うんじゃないですか（笑）。同じように、SFプロトタイピングはあくまでもカウンターカルチャーであることが大事だと思っていて。それがメインストリームになった瞬間に、またちょっと変な空気になると思うんですよね。

小谷　そうですね、絶対そう！

樋口　やっぱり、メインストリームとしてのロジカル・シンキングとかは普通に大事なんですよ。大事だけど、それが形式化しちゃうことが問題で。ロジックしかない、合理主義しかないいまの社会の型があるから、カウンターとしてのSFプロトタイピングがより輝ける。両方が必要なんだと思います。妄想しかない世界は、それはそれでひどい世界ですから。

座談 4

多様なインプットの重要性

ゲスト

塚田有那

編集者、キュレーター

×

長谷川愛

アーティスト、デザイナー

【ゲストプロフィール】

塚田有那（つかだ・ありな）

一般社団法人 Whole Universe 代表理事。編集者、キュレーター。世界のアートサイエンスを伝えるメディア「Bound Baw」編集長。2010 年、サイエンスと異分野をつなぐプロジェクト「SYNAPSE」を若手研究者と共に始動。12 年より、東京エレクトロン「solaé art gallery project」のアートキュレーターを務める。16 年より、JST/RISTEX「人と情報のエコシステム（HITE）」のメディア戦略を担当。近著に『ART SCIENCE IS. アートサイエンスが導く世界の変容』、共著に『情報環世界——身体と AI の間であそぶガイドブック』など。大阪芸術大学アートサイエンス学科非常勤講師。

長谷川愛（はせがわ・あい）

アーティスト、デザイナー。バイオアートやスペキュラティブ・デザイン、デザイン・フィクションなどの手法によって、テクノロジーと人がかかわる問題をテーマとする作品を発表する。岐阜県立国際情報科学芸術アカデミー（IAMAS）卒業後、渡英。2012 年英国ロイヤル・カレッジ・オブ・アート（RCA）にて MA 修士号取得。2014 年から 2016 年まで MIT メディアラボにて研究員、MS 修士号取得。2017 年 4 月から東京大学特任研究員。《(不) 可能な子供 ((im)possible baby)》が第 19 回文化庁メディア芸術祭アート部門優秀賞を受賞。森美術館、アルスエレクトロニカなど、国内外で多数展示を重ねる。著書に『20XX 年の革命家になるには——スペキュラティヴ・デザインの授業』がある。

審査員問題：アイデアを見極める力はあるか？

大澤　SFプロトタイピングに何を期待しているのか、というところからお伺いできればと思います。

塚田　SFプロトタイピングのアプローチがブームになり始めているのは面白いと思っています。私も2019年、科学技術振興機構（JST）の研究開発領域「人と情報のエコシステム（HITE）」の一環で、「マンガミライハッカソン」（主催：文化庁東アジア文化都市）というプロジェクトを共催することになり、そこでまさにSFプロトタイピングを行ったんですね。よくある未来構想会議などで「AI時代の社会はどうなるか？」みたいなことが語られると思うのですが、そこにおけるナラティブな部分というか、「そのなかで人はどう暮らしていくのか」とか「そこにどのような倫理的な課題が生まれるのか」といったことを、ストーリーを描くことから想像できないか、そんな問いから始まったイベントでした。

アートサイエンスの領域でも同じことがいえますが、同じような考え方をする人たちで固まりがちななかで、そこにどれだけ異なる世界観、環世界をもつ人たち同士をぶつけ合わせることができるか。その衝突のなかにこそ、新しい想像力が育まれるんじゃないかと思います。そうした異分野同士が出会うきっかけになるという意味では、ＳＦプロトタイピングにもいろいろな可能性があると思っています。

大澤　反対に、懸念されていることはありますか？

塚田　メディアはブームをつくりがちで、企業もそのブームに乗りがちですよね。例えばデザイン思考の流行がだんだん落ち着いてきたと思ったら、次はアート思考となったり。そうやってブームになると、どうしても元の思想が薄まったまま、消費されやすくなるところがあります。

ＳＦプロトタイピングもしかりで、いわゆる「新規事業開発に役立ちます」という面が強調されると、たしかに企業内のイノベーション開発部署などでお金は出しやすくなるかもしれない。でもそこにばかり意識が向けられて、〝イノベーションの助け舟〟として使われてしまうと本質を失うだろうなと思っていて。だから企業がＳＦプロトタイピングを使うときは、逆に「（経済的なメリットを）期待しすぎない」ことが重要なんだろうという気がしています。

大澤　ここはどんどん切り込んでいきたいところですね。アートとＳＦプロトタイピングの関連でいうと、先行する類似例であるスペキュラティブ・デザインの存在も欠かせないと思っています。長谷川さんから、スペキュラティブ・デザインの説明をお願いしてもいいでしょうか？

長谷川　スペキュラティブ・デザインとは、とくにこれから生まれるテクノロジーによって私たちの人生や生活がどういうふうに変わっていくのかを考えさせる、問題提起に注力しているデザインだと思っています。

スペキュラティブ・デザインを提唱したのは、ロイヤル・カレッジ・オブ・アート（ＲＣＡ）時代の私の恩師であるアンソニー・ダンとフィオナ・レイビー。当時はスペキュラティブ・デザインという言葉こそありませんでしたが、プロダクトを批判的に問うようなデザインとして「クリティカル・デザイン」と呼んでいました。そのクリティカル・デザインから発展して、さらにテクノロジーに言及しＳＦ度が高くなったものがスペキュラティブ・デザインというふうに理解しています。

例えば私が２０１８年に行った「ALT-BIAS GUN」というプロジェクトは、人の偏った認知バイアスをＡＩで学ばせ、持ち主がもっているバイアスをカウンターしてあげる機能を銃に実装するというものです。これは『PSYCHO-PASS サイコパス★』のなかに出てくる、対象が犯罪者かどうかを判別するＡＩシステムが銃の引き金を引くか引かないかを決めるというアイデアと、アメリカで起きているＢＬＭ★（ブラック・ライブズ・マター）がきっかけでつくったもの。こういうふうに、最近は想定するテクノロジーの射程距離を現実と近づけていって、別の見方や使い方がありえないのかを考えています。「銃と政府と機械学習」という、ディストピア

PSYCHO-PASS サイコパス
プロダクション・アイジー制作のテレビアニメ作品。２０１２年10月に第1期の放送がスタート。作品の舞台は、人間の心理状態や性格傾向を数値化するシステムが導入された近未来の日本。「犯罪係数」が規定値を超えると罪を犯していない者でも裁かれる社会における、公安局刑事課のメンバーの活躍を描く。

ＢＬＭ
黒人に対する警察の暴力や構造的な人種差別の撤廃を訴える抗議運動。近年では２０２０年5月、黒人のジョージ・フロイド氏が白人警官に殺害された事件を受け再燃した。

しか考えられない組み合わせを、どうポジティブに転化できるのか。そういう盲点のようなところを突いていけたらと思っています。

大澤　長谷川さんは、SFプロトタイピングについてどんなことを期待、あるいは懸念していますか？

長谷川　SFプロトタイピングは決して新しいものではなく、実はけっこう前からあったと思うんですよね。私もアンソニーとフィオナの授業のなかでSFを書いて、プロトタイピングをしたことがあります。その授業では、のちに《わたしはイルカを産みたい…★》につながることになる「わたしはサメを産みたい」というテーマで短い小説を書いてみたり、それこそイギリスのSF作家が講師として来てくれたりしました。なので私は、SFという物語を書くことによって何かをつくっていく、あるいは考えさせるというアプローチに「SFプロトタイピング」という名前がついているんだと、あとから気づくことになりました。

企業向けのSFプロトタイピングについて懸念をしているのは、いわゆる「審査員問題」。企業からオーダーを受けたとしても、その企業のなかの人たちの人種や性別、文化の幅が狭く、SF作家やアーティストが真摯に作品をつくっても拾ってくれない、受け取ってもらえない、あるいは社員がいくらいい案を出しても、それを選ぶ立場の人に、いいアイデアを見極める能力がないという場合もありえます。

わたしはイルカを産みたい…　長谷川が2011〜13年にかけて制作・発表した、映像・立体・写真作品。人口過剰や食糧危機が顕在化するなか、これ以上人間を増やすのではなく、イルカ、マグロなど絶滅の危機にある種を人類が代理出産するビジョンを示した。

同じ問題は現代美術の業界にもあります。これは企業だけでなく、日本全体の問題ともいえると思います。

大澤　そうした企業のなかのバリアを破るための方法論や、長谷川さんが大事にしているマインドあるいはポリシーはありますか。

長谷川　どのテクノロジーを発展させていくのか、社会に実装させていくのかに影響を与えるSFプロトタイピングは、ジェンダーバランスがかかわってくる問題だなとひしひしと感じています。つまり、クライアントの偉い人たちには男性が多い。SF作家をアサインする際には、そうした審査員問題があるということを事前に伝え、その事情がわかっている人を選んでほしいと思います。

あとは、日本のSF作家というと男性的で未来的な作品を書く人をイメージしがちかもしれませんが、例えば村田沙耶香★さんなど、一般的には「SF作家」と認知されていない小説家のなかにもSF作品があります。「女性SF作家」を探そうとすると少ないかもしれないけど、実はSF作家以外が書くいいSF作品はいっぱいあるわけですよね。そうした方たちもアサインできたら、もっと多様な未来が見えてくるのだろうなと思っています。

スペキュラティブ・デザインは「オルタナティブな世界や価値観」に焦点を当てているので、スペキュラティブ・デザインの人たちって様々な文化が大好きなんで

村田沙耶香
（1979-）
日本の作家。2016年、『コンビニ人間』で芥川賞を受賞。他の著作に、人工授精が一般化し夫婦間のセックスがタブー視される世界を描いた『消滅世界』など。

すよね。ロンドンの大学院では様々な国籍の生徒が切磋琢磨してお互いプロジェクトに助言をする。多様な人がいると見える未来の幅は広がるし、さらにそこにオルタナティブな視点を入れることで、推測できる幅を拡張できるのではないかと思っています。だから未来を推測するときに、「いったい誰の観点で見るのか？」ということはすごく重要なんですよね。

例えば私の作品って、男性からはディストピア的だ、と言われてびっくりしてしまうことがあります。私としては来たるカオスな社会の中での望ましい希望の光として制作しているので。それぐらい、見る人によって「望ましい未来」は違ってくることになります。だからクライアントが市場を広げたいのであれば、いままで拾ってこなかった人たちの視点や考え方を取り入れることが重要なのではないかと思っています。

大澤　そこはとても重要な点だと思っています。ＳＦといったときに、サイエンス＆テクノロジーがそこまで現実のそれに忠実じゃなくても、発想力としてものすごく広がっていけるものがあるわけですよね。ＳＦの価値が未来予測だけでなく、オルタナティブな見方を提示してくれることにもあるというのは、積極的に言っていかないといけないんだろうと思います。

脳に傷を付けられるか?

宮本　SFプロトタイピングには、ダークな部分がなかなか描きにくいという問題があると思っています。例えばクライアントからは、差別やジェンダーの話を避けて〝クリーンな未来〟を書いてくださいと言われることもある。SF＝スペキュラティブ・フィクションでもあるという認識がなく、単なるテクノロジーのストーリーと思われているためにクリティカルな部分が失われてしまうのが大きな問題だと思います。

特に日本企業が自分から社会問題をちゃんと意識できていることは少ない気がします。海外企業が扱うと、そこに遅れて少し乗っかるくらいのイメージです。そこでお聞きしたいのですが、日本の企業から依頼を受けた場合はどうやって軸をブラさずに答えを出していますか?

長谷川　これってすごく根の深い問題ですよね。その企業さんが大企業で、海外展開を狙っているのであれば話も通じやすいですけど、それを考えてない人たちに伝えるのはすごく難しい。

スペキュラティブ・デザイナーとしてコンサルティングの仕事をしている先輩に、

コンサルとして外部から入ることのよさは、企業に対して厳しいことが言えることだという話を聞いたことがあります。「こんなことをしていたらあなたたちの会社はそのうち訴えられますよ」とか「時流に乗れていないですよ」とか、外部の人間だからこそ、言いにくい話もすることができる。そういう面を押しに押して、「これから世界的にいろんな倫理やルールが変わってくるなかで、内部からはこうした厳しい話は上がってこないのだから、私たちの話を聞いたほうがいいですよ」と伝えるのは、とても重要だと思うのですが、結局本当に変わりたい、生き残りたいと思って自分たちに都合の悪いシナリオを聞く覚悟があるのだろうか、という話ですよね。

宮本　塚田さんはいかがでしょうか。塚田さんはアートサイエンスの分野で多様な人をつなげているイメージがありますが、いろいろな人に理解してもらえる枠組みはどのようにつくっているのでしょうか?

塚田　私が常に意識しているのは、哲学的な問いを共有することですね。それも個別の社会課題についてだとみんな疲れてしまうので、ちょっと未来を想像するのが楽しくなるような問いをつくるように心がけています。例えば最近考えているのは、「これからの死生観ってどうなるのか?」。死は人間が生きている限り避けられない問題なので、そうした誰にでも当てはまる問いが共有できたときに、ジャンルを越えるきっかけをつくれると思っています。

とは言いつつも、正直に言うとよくあるアート思考を使ったようなワークショップは個人的には食傷気味なところもあって。というのも、これからの倫理観を考えるようなことよりも、やっぱり新規事業開発のほうがお金がつくわけですよね。だからとりあえず名目上は新規事業開発にしておこうという話になると、ゴールが「新しいアイデアをください」にしかならない。愛さんが言うような倫理的な部分、ナラティブ的な話が、〝なんかいい話〟で終わっちゃうということはすごくあるなと。それで終わらせないために、クライアントの理解をどう揺さぶれるのかはまだまだ課題ですね。

ただ最近、もしかしたら突けるポイントがあるかもしれないと思うのは、企業がすごく炎上を恐れていること。炎上によって頓挫《とんざ》したプロジェクトの費用を考えれば、炎上を避けるために倫理課題への考察にも投資すべきという意見が生まれるべきだし、そういう方向で議論を行える可能性はあるのかなと考えていました。

長谷川　そうですよね。炎上したアイデアはどうせできなくなってしまうのだから、もっと現実的にリスクを減らすことをやればいいのになと思ってしまうんですよね。

塚田　楽しい未来しか描けないという課題に関して言うと、ＳＦに限らずあらゆるファンタジーやフィクションでいまだに語り継がれるもの、影響を大きく及ぼしたものは何かというと、どこか傷つけられたり、ショックが起きたりするものだと思うんですよね。ただキレイに大団円で終わった話って面白くないはずで。

人工生命研究者の池上高志さんは以前、「アートの役目とは脳に傷を付けることだ」と言っていました。その傷が永遠に消えないものとして残るからこそ、ずっと忘れられずに考え続けられるものになるだろうと。何の傷も与えず、何のショッキングな事件もなく、ただ未来はこうでしたね、という話が人に影響を与えることはない。そうした傷がないとそもそもフィクションたりえない、と企業の方には訴えるべきなのかもしれないですね。

大澤　私がそこで問題点だと思うのは、SFプロトタイピングをやるときにSFをアウトプットとして、単なる未来の予測像のように思われてしまうことです。本来は、SFプロトタイピングを通して生まれた「物語」が思考の材料になるところに強みがあるのに、そこがいまひとつ伝わらない場合はもったいないですよね。もう少しSFのおいしいところを使おうよ、と。

長谷川　もうちょっとみんなSFのジャンルについて知るべきだし、SFプロトタイピングをやるときにはクライアントさんにSFのいちばん面白いところをちゃんとお話ししないといけないんですよね。SFにはスペキュラティブ・フィクション、ニューウェーブSFもあるし、もっと思索的・哲学的な面白さがあるよね、と。

この状況は、ある意味メディアアートにも似ていると思います。メディアアートは陳腐化して、巨大で楽しければいいものになってしまったけど、本来はテクノロジーと人間の関係を考えられるもの、それによって新しい視点や価値観が現れて、私たちの善悪といったいろんな観念がひっくり返されるようなものだった。私はそれがすごく快感だったんです。

「いや、そういうのはいらないんで、もともとの世界観でやっていきたい」とクライアントに言われると、本当にわかっていないなと思う。だから企業と仕事をするときは、まずは宿題を出して、「せめてこれは見ておいてください」という教育から始めるべきなのかなと思っています。

宮本　その宿題として、例えば長谷川さんはどんなSF作品をおすすめしていますか？

長谷川　みんな忙しいので、できるだけ時間を割かなくていい作品として『ブラック・ミラー★』をおすすめしています。もはや最近は現実が物語に近づいてきて驚きがなくなってしまいましたが、少し前までよく見せていたのは「ランク社会」（シーズン3第1話）。あとは「シロクマ」（シーズン2第2話）や「サン・ジュニペロ」（シーズン3第4話）もいいですよね。Amazonプライムであれば、『エレクトリック・ドリームズ★』も一話ずつ完結するので勧めていますね。

ブラック・ミラー
2011年から放送されているイギリスのドラマシリーズ。新しいテクノロジーによってもたらされる様々な社会変化をダークな色調で描く。2021年4月現在、Netflixで視聴可能。

エレクトリック・ドリームズ
2017年から放送されている米英共同制作のドラマシリーズ。一話完結方式で、各エピソードはフィリップ・K・ディックの短篇を原作としている。2012年4月現在、Amazonプライム・ビデオで視聴可能。

大澤　映像的なメディアでのＳＦは、一瞬で人に考えさせることができる点が強みだと思います。塚田さんは冒頭でも「マンガミライハッカソン」を行ったと話されていましたが、どんな狙いや背景からマンガに注目したのでしょうか？

塚田　日本人は少なくとも一度はマンガを読んでいる人がほとんどなので、共通の話題をつくりやすいんですよね。「あのとき、あの作品からどんな影響を受けたか」という話だけですごく盛り上がるんです。ＡＩや情報テクノロジーについて話し始めると似たり寄ったりな話になりがちですけど、マンガから入ることで、それぞれが受けた固有の経験をもとに話すことができる。メディアで書かれた「こうであるだろう未来」ではなく、固有の経験を話し合うことで引き出されるものがあると思っています。

もちろん、マンガ以外にアニメや映画を使うのもありだと思います。ただマンガは、漫画家の個人的な体験をそのまま描けるじゃないですか。だから他のメディアでは見落とされたものに対して、目を向けやすいメディアでもあるのかなと思っています。

クライアントに宿題を出すという話がありましたけど、新しく作品を見てもらうほかにも、それぞれの記憶に残っている作品をシェアすることで個人のストーリーを引き出すこともできると思っていて。ＳＦプロトタイピングではないですけど、以前あるメーカーと「モビリティ（移動）の未来」を考えるワークショップを一緒にやったときに、「みなさんがいままで観たことのある映画や映像のなかで、移動しているときの気持ちよさを感じるシーンを持ち寄ってください」という話から始めたのですが、これはよく機能したんですよね。

「モビリティの未来」という問いには似たような答えしか出てこないけれど、それぞれが感じる「気持ちいい移動体験」という問いに変えると、『魔女の宅急便』の話をする人もいれば、『マッドマックス』の話をする人もいる。そうした自分の経験を話す状況をつくることで、その次のステップも自分ごととして考えることができるんです。人の言葉を借りずに話しやすくなる状況をどうつくっていくのかが重要なのかなと思いました。

疑似家族とレンタル親友

宮本　ワークショップの設計について、もう少し深堀りしてお伺いできたらと思います。おふたりがワークショップをつくるときに気を付けているポイントや、これまでやったワークショップのなかでうまくいった事例があれば教えてください。

塚田　サイボーグを開発している企業とロボットのプロダクトデザインを考える

ワークショップを行ったときに、いきなりロボットの話をするのではなく、最初に古今東西のモチーフからリファレンスを出し合ったのはよかったですね。能面から民族衣装、自然界の鳥や爬虫類、ガンダムやエヴァ、あらゆるサイバーパンクで描かれたものまでをカードサイズでプリントアウトしておく。いわばリアル・ピンタレスト（笑）。その200〜300枚のカードのなかで気になる意匠をそれぞれ集めて、何が気になる点だったのかを話すということをしたんです。

つまり、未来志向のテーマだったとしても古今東西から素材を集め、そこからどんなインスピレーションが開くかを考えたんですね。サイエンスやテクノロジーのことを考えるときにも歴史や人類学といったいろんなところにヒントがあるはずなので、あえてタイムスケールを拡張するような素材を用意したのはうまくいったと思います。

長谷川　私がいままでやったなかでいちばん好きなのは、《シェアード・ベイビー》のときに行ったロールプレイング即興劇。これは、複数の親から遺伝子を引き継ぐ子供が産まれる技術が実現したときにどんな問題が発生するのかをあぶり出すために、その家族においてのポジティブ／ネガティブなイベントをカードに書いておき、それらのイベントが起きた時に私たちはいったいどういう会話をして、どういう行動をとるのかを、その場で演じていくというロールプレイング・ワークシヨップです。

そうやって演じることで、ひとりでただ普通に考えるよりも、もうちょっと自分ごととしてのインパクトが生まれたんです。例えば、私のチームは私を含めて三人の「お母さん」がいたんですけど、娘と息子役の人に「このお母さんとこのお母さんは好きだけど、私は好きじゃない」と言われて、本気で傷ついたわけですよ。もうここにはいられないんで出ていきます、みたいな(笑)

私はそのロールプレイングの体験をもとにSF短篇小説を書いたんですが、ロールプレイングをすることで深いレベルでの妄想ができて、実際の人間の気持ちや予期しなかったインタラクションに基づいたシナリオが生まれることになりました。演じることで、想像力がないと思っている人でも意外と感情的になって発言したり、行動したりするようになるのは面白いと思っています。

塚田　ロールプレイングの話は私もしたいと思っていました。私も編集にかかわった愛さんの著書『20X年の革命家になるには――スペキュラティヴ・デザインの授業』(ビー・エヌ・エヌ)が発売されたときに、藤井太洋さんにトークイベントのゲストとして来ていただいたのですが、そのときにもロールプレイングの話になったんですよね。太洋さんが言っていたのですが、アメリカのSF作家クラブに行くと、みんな当然のようにロールプレイができるらしい。アメリカでは高校でもロールプレイングを学ぶことが多いという話もされていました。

長谷川　海外の人は即興の演劇に慣れているんですよね。海外ではSF作家クラブのイベントでも即興演劇のワークショップが開かれると言っていましたよね。

塚田　そう、「あなたは何役ね」と言われたらすぐになりきれる。日本人だとちょっと照れがあると思うんですけど、常にロールプレイング思考をもっておくのは重要だよね、という話を太洋さんとしていました。

ロールプレイングに関連して紹介したいのが、「The Agency」というベルリンの女性パフォーミングアート集団です。彼女たちの作品のひとつに、日本の「レンタル彼氏」にインスパイアされてつくられた《Quality Time》というものがあるんですけど、サービスを予約してカウンセリングを受けると、その人に必要と診断された親友や恋人が提案される。そして実際に住所が送られてきてそこに行くと、「久しぶりだね、お茶でもどう？」と男性が古くからの親友のように振る舞ってくれる。彼らは演者なのでいろいろなプランをもっていて、ときにはそのレンタル親友が突然泣き出したりしながら、本当の友人のように接する時間を共有するのだそうです。ここまでさせられると感情が動かざるをえない、考えざるをえない状況がつくれるだろうなと。なのでSFプロトタイピングの次のステップとして、ロールプレイを一緒にしてみるのも面白いのかなと思いました。

長谷川　企業とワークショップをやるときに演劇のチームと一緒にやったり、シナリオを考えるところから入ってもらってもいいかもしれないですね。役者は普段からいろんな人の動きを観察しているので、アイデアのストックをもっていると思うんです。演劇系の人たちをアサインするのは、ＳＦ映画をつくるほどの予算をかけずにインパクトを与えられるアプローチになるんじゃないかと思います。

宮本　日本人にとっては難しいと感じる人もいると思いますが、うまくレベルが調整できたらいいですよね。寸劇だけだとハードルが高くなるので、例えば普通のプレゼンはプレゼンとして発表してもらってから、追加で寸劇を取り入れるくらいのほうがやりやすいのかもしれません。

塚田　そのときに重要なのは、参加者がセリフを読み上げるだけでなく、自分で考える時間があることだと思うんですよね。先ほどの《シェアード・ベイビー》のロールプレイングの話で言うと、愛さん目線で「子供に好かれなかった」というストーリーがあるように、反対側の目線でも感情のシミュレーションが起きているはず。そういうことが複雑に交錯しながら、それぞれに考える時間が生まれるように設計できると、より自分ごとになるのかなという気がしますね。

宮本　《シェアード・ベイビー》はロールプレイング・ワークショップそのものが作品でしたが、長谷川さんは作品をつくるときにアウトプットのかたちはどのように設計されているのでしょうか？　ロールプレイ型やストーリー型など、それぞれの違いはどういうところにありますか。

長谷川　誰に見てほしいか、どういう体験をしてほしいか、どういう場所で見せたいかによって変わってきますね。ＲＣＡにいたときには、いまはネットの時代だから、まず一枚絵でインパクトがあるもの、フックのあるものを用意しなさいと教わりました。それが面白かったら文字を読んでくれて、さらにそれが面白かったら動画を見てくれるでしょうと。現代において「わかりやすさ」はすごく重要で、時間のない人たち、条件反射的に考えてしまう人たちに、どうやって短い時間で深い疑問を抱かせるか、議論に巻き込ませるかというのがすごく難しいんですよね。そこはいつも苦労しています。

一方で、実在する同性カップルの一部の遺伝情報からできうる子供の姿や性格などを予測し「家族写真」を制作した《(不) 可能な子ども ((Im)Possible Baby)》は、熟議をちゃんとしたいと思ってつくった作品でした。遺伝情報を安価に取ることもできるようになってきて、同性間で子供を産むことのできる生殖技術が実現されうる時代に、誰がこうしたテクノロジーの是非を決めるのか。そうした話し合いをいろんな人とするためにはある程度の説明時間がほしかったので、30分のドキュメンタリーをつくっています。なので、どういう人としゃべりたいか、どういうことをしたいのかによって、メディアの選び方も変わってくると思います。

ビジネスに食われないために

宮本　行政や企業など様々なクライアントからの依頼でプロジェクトをやることがあると思いますが、クライアントごとの違いについてはどう意識されていますか？　とくに塚田さんはいまＲＩＳＴＥＸ（ＪＳＴ社会技術研究開発センター）でビジョン設計をされていますが、企業との違いを感じることはありますか。

塚田　ＲＩＳＴＥＸにしても、文科省や経産省の取り組みにしても、もっと文理融合であるためにはどうしたらいいか、人文社会科学の知見をどうやって取り入れていくかという問題意識はよく聞きますね。じゃあ教育から変えよう、というざっくりした話はされるのだけど、実際に制度が切り替わっていくにはすごいハードルがある。とにかく少しずつ意識改革をしていくしかない、風穴を開け続けるしかないという思いでやっているところです。

企業で言うと、スタートアップと一緒にやっていくことには可能性を感じます。環境テクノロジーをどう変えていくかとか、情報テクノロジーをどう倫理的に使っていくかとか、スタートアップには若い世代が多いので問題意識が近いところも多い。一方で彼らの課題は、始めたときのビジョンは同じでも、資金集めやマーケティングで忙しくなってくるとナラティブを話し合う時間がどんどん削られていくこと。そうしたときにナラティブをどう使えるかという点で、ＳＦプロトタイピングがスタートアップと組むことの面白さはまだまだ開拓しがいがあるのではないかと思っています。

宮本　長谷川さんはいかがでしょうか？

長谷川　私はＳＦプロトタイピングのお仕事は正直あまりもらわないんですよ。あるとすれば、スペキュラティブ・デザインの授業をしてくださいという依頼。なのでクライアントさんと一緒にどうやっていくかというよりは、「こういうのがありますから勉強してくださいね」「こういうのが必要ですよ」と教育をしている段階ですね。

いいアイデアなんてすぐに出てくるわけでもないんだから、じっくりとやったらいいんじゃないかなと。もしくは企業の体制を、下から出てきたものをちゃんと拾えるようにするという基礎のところからやった方がいいんじゃないかと思います。

大澤　ＳＦプロトタイピングをやっていくほど、ＳＦプロトタイピング以外のところに問題の根深さがあることがみえてくると。

長谷川　テクノロジーも同じで、こういうテクノロジーの芽はあるんだけど、結局社会のニーズや規律によってある限られた使われ方しかできないという話はあるじゃないですか。本当はテクノロジーの問題じゃなくて、社会側の受け入れの問題、もしくは権力者側の問題だったりする。テクノロジーの話をするよりもむしろ、ロビイングの研究をした方がいいんじゃないかという気持ちになることもあります（笑）

難波　個別事例よりも、全体のビジョンをどう見せていくかというところに関して塚田さんにお伺いしたいのは、大阪芸術大学アートサイエンス学科のサポートのもと運営されているウェブマガジン『Bound Baw』のキュレーションについてです。『Bound Baw』は、香港のプロテスト活動の話から世界中のアーティストの話まで、扱っている記事のラインナップに幅があります。自分も、哲学者・美学者としてどういうふうに哲学の研究をキュレーションできるのかを最近考えているのですが、塚田さんは見せ方・伝え方に関してどういうことを意識されていますか？

塚田　自分の興味のままにつくっていったら結果的にこうなったというところもありますが（笑）、少なくとも「ただ流行っているから」という理由で飛びつくことはしないようにしています。とはいえメディアとして時流に乗ることも大切で、コロナ以降の問題を考えるとか、環境のことを考えざるをえない時代になっているとか。じわじわきている社会的な風潮や意識を感じ取ることは意識していますね。

また企画を提案されたときには、「なぜこれをいまやる必要があるのか？」は常に考えようと思っています。古今東西の面白いネタをいくらでも拾うことはできるんですけど、なぜいまこの記事を出すのか、なぜいまこの企画をやる意味があるのかは、自分にも問いかけられるようにしていこうと。そこで「なぜいまなのか」という意味づけや文脈づくりをちゃんとできると、人や注目をより集めやすくなるのかなと思っています。

難波　塚田さんが様々な人に「アートサイエンスとは何か？」を訊いた『ART SCIENCE IS. アートサイエンスが導く世界の変容』（ビー・エヌ・エヌ）も面白かったです。こちらはどういうキュレーションを心がけていましたか？

塚田　『Bound Baw』が立ち上がって、「そもそもアートサイエンスとは何なのか？」という問いには全然答えが出ていないと思っていました。そこで、いろんな人に「あなたにとってのアートサイエンスとはどんなもので、どんな可能性がありますか？」と訊いていたんです。その答えを一冊にまとめようと思ってつくったのがこの本になります。

結果、100人近くに訊いて思ったのは、アートサイエンスとはジャンルやカテゴリーで定義付けされるものではないということ。大阪芸術大学にはアートサイエンス学科ができて、『Bound Baw』もそこからの資金で運営できているメディアではあるんですけど、アートサイエンスがジャンルとして固定化してしまうと、昨今意味合いが変わってきてしまったメディアアートと変わらないことになってしまって。とくにテクノロジーの表現というのは、どうしても商業や消費とかかわってくるので、すぐに食い荒らされると思うんですよね。

たぶんポイントは、アートとサイエンスという一見違うように見えるものが、中途半端な融合ではなく、ちゃんとぶつかり合えること。それはアートサイエンスだけじゃなく、ジェンダーや人種の問題でも、多様な人たちがぶつかり合うゾーンを意識してつくっておくことがものすごく重要だと思っています。多様な人やモノがぶつかり合う状況こそがアートサイエンスをどんどん促進していくんだということが伝わればいいなと思って、この本をつくりました。

難波　ビジネスに食われるという話がありましたが、アートサイエンスやテクノロジーの未来を提示するときに、ビジネスに取り込まれないためには何が必要だと思いますか?

塚田　冒頭の話に戻るんですけど、「期待しすぎないでね」と言うことでしょうか。アートサイエンスにしてもSFプロトタイピングにしても、ひとつの言葉で理解して、消費できるものではないということ、すぐに経済的なメリットは得られないかもしれないけれど、長年続けることで企業文化として実を結ぶものになっていくんだと、クライアントに辛抱強く伝えることしかないのかなと思っています。

長谷川 アート思考もまさにそうですよね。アートってすぐにわかるものでもないし、考え方であり態度であると思うんですよね。型さえ守っていれば身についているだろうと思われがちだけど、アートとはそれを生み出す信念だったり態度だったりするので。

最近思うのは、機械学習でいわれる「ガービッジイン、ガービッジアウト」、つまりゴミデータを入れたらゴミのような結果が出てくるという話がありますが、それは文化も同じ。結局、多様な文化や知識をインプットしなければ、浅いアウトプットになってしまう。だから未来の話をつくるときにも、一面的な価値観でインプットしたら、細い、狭い未来ができますよと。まずは世界や文化の広さや、いろんな人がいるということを知ってほしいですね。インプットから間違うと、アウトプットも間違ったものになると思います。

「あなたたちの会社を殺すのは誰だと思いますか?」

宮本 これからのSFプロトタイピングに何を期待していくか、SFプロトタイピングがどうなっていくべきかという話を最後にできたらと思います。今後、SFプロトタイピングという領域でどんな広がりが出ていくといいかという提案をぜひおふたりからいただければ。

塚田　先ほどのロールプレイングの話でもあったように、SFプロトタイピングを行うときにクリエイターや、もっと多様な体験をSF作家だけに頼るのではなく、違ったタイプのクリエイターや、もっと多様な体験をつくっている人たちが参加できると面白いと思いました。あとはクリエイティブ側だけでなく、クライアント側も多様になっていかないといけない。新規事業開発の人たちだけでなく、例えば管理職や経営層も巻き込んでみる。企業のなかでも違った部署の人たちを巻き込めると、より面白くなるのかなという気がしています。

宮本　長谷川さんはいかがでしょうか？

長谷川　今日の話のなかで出た提案をまとめると、まずは「SFとは何か」という事前勉強をすること。そしてSF作家さんをアサインするのであれば、ジェンダーバランスについても気を付けてほしいということですね。あとは海外の事例を見て、演劇的な取り組みだったり、きっといろんなやり方をしている人がいると思うので、そうしたこともうまく取り入れていけたらいいと思います。

宮本　海外の話もお聞きしたいと思っていました。『20XX年の革命家になるには』にもいくつかの事例が載っていますが、スペキュラティブ・デザインやSFプロトタイピングはいま、海外でどういう使われ方をされているのでしょうか?

長谷川　少なくともスペキュラティブ・デザインに関しては、もうわりと需要と消費はされていて、他の分野にも波及しながら影響が出ているように思います。例えば、バイオテクノロジーのようなまだ実現されていないテクノロジーを使ったプロダクト提案は、以前はRCAのスペキュラティブ・デザインコースでしか見られなかったけど、ここ10年くらいで別の分野でも見られ始めています。

スペキュラティブ・デザインコースをつくったアンソニーとフィオナはいま、文化人類学など人文系の人たちとのかかわりを深くしていっています。スペキュラティブ・デザインを行うときに、昔はよく「リアリティとどうつなげるか?」が話されることが多かった。「これだとみんなが納得してくれないから、もうちょっとお話として信じられるようなリアリティのあるものを考えて」と言われていたのですが、むしろふたりは想像力の世界に自由に羽ばたいていくことの難しさを知って、いまはありえることとの限界、想像力の最果てをどのように広げていけるかを考えているのではないかと思うんです。

塚田　人類学に接続していったのはすごく重要ですよね。専門知の多様性という観点でも、人類学や民俗学にも確実にヒントがあるはずなので。先ほどもサイボーグロボット開発のワークショップで古今東西のリアル・ピンタレストをつくったという話をしましたけど、あれで発想が広がったんですよね。未来視点になると、どうしても未来のイメージが小さくなってしまう。でも過去の歴史から得られる想像力ってもっと広いはずなので、未来を考えるときにも歴史とちゃんと接続していくと面白いのかなと思いました。

長谷川　私はリサーチのひとつとして、古典を読むということをしています。すると地域という横軸と時間という縦軸を使っていろいろなマトリックスで考えることができるので、「ヨーロッパのこの時代にはこのテクノロジーがないから、人はこういうふうに反応するんだ」とか「こういう組み合わせになるとこんなやばい法律がまかり通るんだ」とか、面白い発見がある。そして過去のことだけでなく、「この地域で未来にこういうことが起きたときに人はどう反応するのか？」ということが考えやすくなる。歴史を学ぶと、人のコアがわかるような気がします。

塚田　そこはすごく可能性がありそうですよね。私たちが好きなよしながふみの『大奥』★は最高のスペキュラティブな歴史&ジェンダーSFで、「時の将軍が女だったら」とひとつの設定を変えただけでここまでドラマの見え方が変わるのかと。基本的には歴史的事実を辿っていても、あれだけ見え方が変わる。歴史をひとつの要素だけフィクションにしてみるという設定が面白いですよね。

長谷川　『大奥』はバイオSFものでもあるしジェンダーSFものでもあるし、す

大奥
雑誌『MELODY』に2004年8月から2021年2月にかけて連載された漫画作品。謎の疫病により男子の人口が激減した江戸の世界を舞台に、女性の将軍に仕える美男3000人が集められた女人禁制の大奥で巻き起こる事件の数々を描く。

ごく面白いですよね。

宮本　最後に、本日の議論を踏まえてそれぞれのご感想をお願いします。

塚田　自分でもちゃんとやらなきゃなと思ったのは、ロールプレイングですね。どうしてもイベント的なワークショップなどは、そのときの熱は高まるんだけど、その後継続的なものになるかどうかはなかなか難しい。より体験を深めていくことも考えないといけないと思ったときに、ロールプレイングのような体験をつくることは個人的にもやらなきゃいけないと思いました。

　また演じるだけでなく、フィールドワークも取り入れてみたいですね。話で聞くことと、実際に現場に降り立つことでは明らかに情報量が違うので、それだけでも人の思考は変わってくる。ＳＦプロトタイピングにもフィールドワークを含めてみたいと思いました。

長谷川　ＳＦプロトタイピングは教育に尽きるとあらためて思いました。クライアントにまず何をインプットさせるのか。そのリアリティをどうやって感じてもらうのか。そういうところから、思考の深度が変わってくるのかなと思います。

　今回みなさんの話を聞きながら、「よいＳＦとは何か?」「よいＳＦプロトタイピングとは何か?」と考えていたんです。そもそも、その「よい」というのはいったい誰にとっての「よい」なのか、と。『ＡＩの遺電子★』の山田胡瓜さんが、報処理学会に寄稿された「SF漫画の作り方―山田胡瓜の場合―」のなかで、「人々の価値観がどうかわるか」といったことを考える」と書かれていて、確かにSFの醍醐味はいままでよしとされていた価値観がひっくり返ったりすることなので、そういうところを考えたり、議論していくことが重要で、その議論の場においては、既存の構造に対する批判的な視点も出さないといけないんだろうと思っています。

大澤　そういうところを制約なく議論していくべきですよね。

長谷川　私が企業さんとプロジェクトをやるときにいつも聞くのは、「あなたたちの会社を殺すのは誰だと思いますか?」という質問です。そういうことを考えることから、ようやくオルタナティブな、外側の風景が見えてくるのではないかと思っています。

塚田　そこまで言われると自分ごとになる気がしますね。半端に未来を考えるよりも。

長谷川　彼らは変わりたくないし、保守的でいたいんだけど、そんなことを言っても別の人たちが状況を変えていくじゃないですか。だったら、自分たちから変えていった方が未来をよりコントロールできるようになると思うんです。

AIの遺電子
雑誌『週刊少年チャンピオン』に2015年11月から2017年8月にかけて連載された漫画作品。人間とロボットが共存する近未来において、人さながらに病を抱えるロボットたちに寄り添う新人医師の姿が描かれる。

論考 2

SFプロトタイピングのプロセス・アウトプット

宮本道人

筆者はこれまで、様々な形式のＳＦプロトタイピングプロジェクトに様々な立場で参加してきた。その中で、一口にＳＦプロトタイピングといっても、それぞれの案件で異なる手法が用いられていることを認識した。また、受けた依頼の中には、「ＳＦプロトタイピングを導入したいが実際にどうやったらいいのかわからない」といったものもあり、方法論を自分なりに構築して提案する機会も多かった。

そこで本稿ではまず、過去に筆者が観測・提案したプロジェクトのバリエーションを、８つの特徴に分けて整理する。その後、筆者が制作した実際の作品２つをもとに、具体的にアウトプットのポイントを解説する。

本稿はあえてクリエイター目線に立って話を進めた部分も多い。読者の多くはクリエイターではないかもしれないが、ＳＦプロトタイピングのプロセス・アウトプットを理解するためには、クリエイターに何が求められるかを知るのが最も良いと考えたからである。読者の皆さまにおいてはぜひ「自分がもしプロジェクトに飛び込んだら……」と想像しながら本稿を読んでみてほしい。

それでは早速、ＳＦプロトタイピングの特徴を一つずつ見てゆこう。

特徴①　クライアント・関係者

一般的な執筆活動とSFプロトタイピングで大きく異なる点の一つが、クライアントや関係者の存在だ。

企業や政府機関や研究所が直接プロジェクトを行うケース、デザインファーム・コンサル・広告代理店などが依頼を仲介するケース、コンペティションやコンテストやハッカソンのような形で競い合いが行われるケース、個人でアイデアをSNSやウェブサイトに掲載して売り出すケースなど、パターンは様々である。

関係者については、小説家・漫画家・デザイナー・アーティスト・イラストレーターなどのクリエイター、クライアント企業の社員・外部の研究者などの専門家、仲介企業の社員・フリーランスの編集者などのコーディネーターが関わることが多い。これらの関係者でワークショップを行ったり、プロットを共有したりしながら、アウトプットが作られてゆく。クリエイター・専門家・コーディネーターの役割分担をあえて曖昧にすることもあり、例えばプロのクリエイターがアウトプットを作らずコーディネーター役にまわり、企業の社員に作品を書かせるといったことも有効である。本稿は以下、企業が小説家に依頼するケースをメインに想定して話を進めてゆくが、おおむね他のケースにも共通する情報だと考えて頂ければ幸いである。

関係者が多い場合、複数人での議論を経由することになるため、アイデアが丸くならないよう気をつける必要がある。また、クリエイターが一人でなく複数人いるパターンでは、クリエイター同士でネタかぶりをしないように調整したり、バランスを取るためのプロセスが必要になる。

関係者が少ない場合、ライター自ら自作の編集や校閲を行うこともある。クリエイター・専門家・コーディネーターの三役をまとめてこなす役割を一人に期待する場合は、それ以外の形で他の関係者の巻き込み方を設計すると良いだろう。というのも、クライアントがクリエイターに丸投げしてできるものは、「ＳＦプロトタイピング」ではなく、単なる「ＳＦ」にしかならないからだ。

特徴② 目的・要望

ＳＦプロトタイピングが無目的に行われることはほとんどない。たいていの場合、「○○年後の世界を予想して描いてほしい」「自社の新しい商品を考えてほしい」といった期待がある。自社に未来予想があるが、その予想が意外なものではないから、それを参考に斜め上の未来を書いてくれといった依頼がクリエイターに来ることも多い。明確な目的はないがＳＦプロトタイピングをしてみたいという考えで始まるプロジェクトもまれに存在するが、そのような場合はクリエイター・コーディネーターから目的を数パターン提案することになる。細かい達成目標はワークショップを通して決めてゆくことが多いが、前提となる方向性をある程度事前に考えておくことは重要である。要望は関係者で丁寧にすり合わせ、作品に「絶対に入れなくてはいけない事柄」「できれば入れてほしい事柄」「できれば入れてほしくない事柄」「絶対に入れてはいけない事項」を決めておくと良い。例えば「自社のジャンルの未来を描くことはマスト」「殺人はNG」といった事柄である。作品の制作が始まってからでは、それらを変更することは難しい。クリエイター側が書きたくない表現があるのに、無理に直そうとするクライアントもいるかもしれない。先に要望をすり合わせておけば、トラブルはある程度防ぐことができる。

アウトプットの使い方にも、大きく分けて二つのパターンがある。一つは宣伝用にウェブ公開したり出版を前提に考えるもので、一定のエンタメ性と、クライアントの思想や技術を外に伝えられるような作品が求められる。もう一つはクライアントの企業内で議論の題材に使い、公開はしないものである。こちらは機密事項に関わるような新しい技術の使い道や在り方を社員とともに考えたり、部署を越えた交流のために役立つような作品が求められる。この二つのどちらにするか決まっていない状態でプロジェクトが開始することもあり、公開しないつもりだったが作品の出来を見て公開することに決めるとか、またその逆のパターンも考えられる。

特徴③　題材・テーマ

ＳＦプロトタイピングでは、製品・街・社会制度の未来を考えるといったお題がまず与えられることが多いが、その先はワークショップの中で細かい題材を探していったり、具体的なキーワードやスローガンを軸に作品を作っていくことが多い。その際、クライアントは流行りの研究者の未来予測全部盛りみたいなテーマ一覧をクリエイターにぶつけることがよくあるのだが、それをそのまま採用するとレッドオーシャンに突入すること間違いなしであるため、オリジナルの題材をひねり出すことが大事である。

ワークショップの際、ＡＩ、ＶＲ、ＤＸ、ＳＤＧｓといった単語を禁句にするといった工夫も必要である。借り物の言葉で話している限り、物事の本質は捉えられない。逆に例えば「ＡＩ」という言葉を使わずに未来を考えると、かえってＡＩの新しい側面が見えてくることもあるだろう。クライアントがすでに未来予測データを持っている場合、クリエイターはもちろん大いに参考にするべきであるが、プロジェクトの第一歩目からそこに寄りすぎない方が良いかもしれない。先に自由にテーマを発想し、後からデータと組み合わせると、斜め上かつ具体的な未来像を描くことができる。また、未来予測トレンドがわかると、あえてそこから離れたテーマを選ぶこともできるため、クライアントには申し訳ない言い方になるが、クリエイターがそれを反面教師的に用いるのも一案である。

ワークショップで題材を探す場合、複数人から出て盛り上がった意見は、皆がすぐ思いつくアイデアであることも多いので、一見良さそうに見えても、捨ててしまった方が良いこともある。むしろ会話のなかで流されがちな、専門家同士の何気ない雑談の中に存在する暗黙知は、たいていの場合参考になる。

社内向けのプロジェクトの場合、題材にセンシティブなものを選ぶことも一つの手である。クライアントはわざわざ外部にSFプロトタイピングを依頼しているのであるから、クリエイターの方であえて、ふだん社内では議論しにくかったであろう事柄や、会社が目を背《そむ》けがちな事柄に焦点を当てさせるよう誘導することも有効である。

特徴④　登場人物・舞台

年齢・性別・国籍・職業・年収などが異なる様々な立場の登場人物を描くよう気をつけることは、SFプロトタイピングの基本の一つである。年齢については、現在との地続き性も考慮に入れなくてはならない。というのも、例えば2041年に30歳の人を登場させるとすると、その人は現在（2021年）では10歳であることになる。すると、その人が幼少期に「未来のガジェット」に触れているという設定は採用しにくくなる。キャラクターがどのような人生を送ってきたかに軽く触れるだけでも、現実との整合性を求められるのだ。また、舞台の選び方も重要で、なんとなく都市部っぽいところを選ぶのではなく、実在する街などを想像しながら、地方まで含めて複数の舞台を描くといったアプローチが効果的になることもある。逆に例えば「中産階級の青年男性がパートナー女性をエスコートして、新技術に囲まれた東京を案内する」といった話を深い考えなしに何本も書いてしまったら、価値観の古さが際立って問題になるだろう。

次世代の倫理観は今の倫理観と異なる部分も多くなるであろうから、それを登場人物にどう託すかもポイントである。極端な倫理観を持たせ、あえて共感しにくい主人公にしてしまっても良いだろう。古い価値観にとらわれがちな人々に、そのようなキャラクターはカンフル剤として働く。

弱者やマイノリティを主人公において、社会や製品の課題に目を向けることも重要である。企業では「自分たちは当事者ではないので、それを扱うことは気安くできない」と考えて、そういったプロジェクトを避けてしまうこともあると思う。しかし、企業の内部向けのSFプロトタイピングでは、例えば架空の病気・障害を作ることで、それと似た病気・障害について議論できたりするため、従来触れにくかったことに触れやすくすることができる。こういう話し合いをやってみると、実は自分も病気・障害で悩んでいると明かす人がチームから出てくることもある。配慮のない製品が世の中に出てしまう前に、SFプロトタイピングでこのような点をクリアしておく、というのも一つの方法であろう。

一人一人の登場人物も大事だが、人間を描くというよりも人類を描くという大きな視野が大切になることもある。文学ではよく「人間が描けていない」という批判があるが、「人類が描けていない」とダメなのが、SFプロトタイピングである。

特徴⑤　設定・枠組み

SFプロトタイピングでは、一つの思想を強く打ち出すというよりも、多様な価値観を提示する方が重要になることが多い。また、そもそも一つの長いストーリーを提示するより、断片的なストーリーをいくつも提示する方が適切なこともある。例えば以下のような枠組みが考えられる。

「ある製品を肯定的に感じているユーザー、否定的に感じているユーザー、持っていない人のそれぞれの視点から製品を描くもの」

「10年後の未来はこう、30年後はこう、50年後はこう、と時間軸に沿って未来を描くもの」

「ある製品が成功した世界ではこのようなストーリーが展開されるが、ある製品が失敗した世界では別のストーリーが展開されるといったパターン分岐もの」

「一つの作品はポジティブな未来を描くもので、もう一つの作品はクリティカルに社会の問題点をえぐり出すもの」

このような枠組みで一人のクリエイターが複数の視点を担当しても良いし、クリエイターが複数人参加するプロジェクトの場合は、それぞれのパートを別のクリエイターが担っても良い。いわゆる「シェアードワールド」的な枠組みである。これにより、一つの事柄に対して様々な視点から検討を加えることが可能になる。

特徴⑥　ストーリー・構成

様々な関係者が意見を出し合って作品を作る場合、あらかじめ決めたフォーマットに沿って作品を構成してゆくと、意思疎通が図りやすい。使いやすい雛形《ひながた》の一つは、ハリウッド映画の脚本でも使われている「三幕構成」と呼ばれるストーリーの流れである。最初に日常が描かれ、次に問題が起こり、最後にそれを解決するのが基本的なパターンで、どのような人がいつ登場すると盛り上がるかなど、詳しい分析が多分に行われている形式である。これらは Wikipedia の「三幕構成」の記事にも細かく記載されているため、一読することをおすすめする。

ただ、三幕構成は必ずしもすべてのSFプロトタイピングに最適なフォーマットとは限らない。そもそもSFというジャンルの魅力はむしろ、三幕構成的ではない部分にあることも多い。特に、社内で議論するために作品を使いたいという場合、エンタメ的なストーリー構成にこだわる必要はない。極端なことを言えば「面白い」作品でなくても良いのである。世の中には「面白いSF」がたくさん存在し、それらを議論の題材に選び出すことも可能であるなか、あえて「読者を限るSF」のオーダーメイドを行っているわけであるから、外では読めないような構成の作品を作った方が良い場合もある。

また、そもそもクライアントがクリエイターに、作品内での「トラブル」を描かないでほしいというオーダーをした場合、三幕構成的な作品はそもそも描きにくくなる。このような場合、一風変わった設定をとにかく積み上げていって魅力を出したり、架空のインタビュー・研究ノート・論文集・書評集といった特殊な語りの形式を採用するなど、普通のエンタメ作品にはない工夫が必要になる。

特徴⑦　アウトプット形式・周辺情報

SFプロトタイピングのアウトプットの形式は基本的に小説と思われる方が多いかもしれないが、実際は相当に多様である。スライドにまとめる、口頭で発表する、寸劇を演じてもらう、イラストや漫画にする、短篇映画を制作するなど、プロジェクトの性質に応じて様々な媒体が考えられる。ガジェット・舞台・キャラクターに関連する年表などの設定資料を、ストーリーやビジュアルとあわせて提示することもある。また、関連する現実の研究や社会事象、作品に込めた意図やテーマに着目した動機など、作品世界外の周辺情報を提示することもある。SFプロトタイピングでは、今の世界の未来に成り得るような「地続き性」が重視されることも多いので、周辺情報も作品の読解に重要な役割を果たすのだ。

作品の完成はプロジェクトのゴールではなく、過程の一つである。アウトプットをもとに議論を深めてもらう上では、作品にとっては一見「余分」な部分が重要な役割を果たす。設定資料や周辺情報を提示した後、「あなた自身はここからどのように考えますか?」と読者自らのアイデアを出すように促し、いくつか議題になりそうなポイントを示すことも、場合によっては効果的である。

特徴⑧ 成功・評価

このプロジェクトは何をもって成功になるのか、いくつかの評価軸を先に想定しておくこと。これは意外に見落とされがちだが、非常に大事なポイントである。自分たちの行ったことを常に成功と主張してしまう人も多いと思うが、それは長期的に見ると損になる。

むしろSFプロトタイピングの一つの価値は、それが「失敗をするチャンス」になり得るというところにある。プロトタイピングとは、試作品を作ることである。試作品段階でうまくいかないことがわかり、それをたたき台にどこが良くないかを議論できれば、本番で改善ができる。例えば、議論がはずまなかった場合や、イメージと異なるアウトプットが出てきた場合などは、上から目線でダメ出しするのではなく、その失敗を役に立てようと考える意識を持ち、そのどこに問題があったのかを冷静に探ると良い。

逆に、うまくいったと思える場合も、どこがどのようにうまくいったのかを丁寧に議論すべきである。登場するガジェットの一つが新しい研究アイデアに繋がりそうだとか、チームが仲良くなって新しい別プロジェクトの構想が複数持ち上がったとか、直接にせよ間接にせよ、様々な高評価パターンがあり得るだろう。成功を一つの視点から見ないことが大切である。

75億人が絶賛する作品はこの世に存在しないはずで、必ず読者ごとに違った感想があることにも留意すべきだ。もしも、「このような未来は気持ち悪い」という感想を抱いた読者が一部でもいたとしたら、そのような意見にもフォーカスをあてると良い。

以上、8つの特徴を見てきた。次頁からは筆者が制作した実際の作品を紹介し、アウトプットのポイントを解説する。

作例① いぬりてぃ

漫画家・編集者・研究者2名・筆者の計5名のチームで作成した短篇漫画。「NTT研究所発触感コンテンツ専門誌〝ふるえ〟」（http://furue.ilab.ntt.co.jp/）の30号（2020年9月発行、発行：日本電信電話株式会社）に掲載されている。その号の「身体性とリアリティの未来」という特集テーマを考えるための方法論としてSFプロトタイピングを採用し、漫画によってストーリーを提示した。

VR業界でまだそれほど試みられていないが、近未来に実際に作ることが可能になるであろうガジェットをSFプロトタイピングした作品である。舞台を狭い範囲に限り、ガジェットの可能性を具体的に詳しく見せるようにしている。漫画自体以外に、執筆に際し収集した情報を記したミニコラムを2本付しているところもポイント。コロナ禍で苦しんでいる対象を考えた際、それは人類だけでないのではないかということに着目し、この課題を技術で解決するストーリーを考えた。

なお、本作を作成したチームは、塚田有那氏がスタッフを務めていた国際マンガ・アニメ祭REIWA TOSHIMA マンガミライハッカソンにて結成されたもの。その際の執筆作品「Her Tastes」は大賞と太田垣康男賞をW受賞し、国立台湾美術館 Permeable Dimension Wall 展に招待展示された。チームは完全に分業を行うというよりも皆でアイデアを出し合うことを大切にしており、「コレクティブ・フィクション」というワードを活動の柱に掲げている。

四コマ SFマンガ

いぬりてぃ

外出自粛がつらいのは、人間だけではない。散歩に行けない犬も、大きなストレスを感じている。遠くない未来には自宅にいる犬と飼い主のために、こんなVR装置が生まれているかもしれない……。

#1

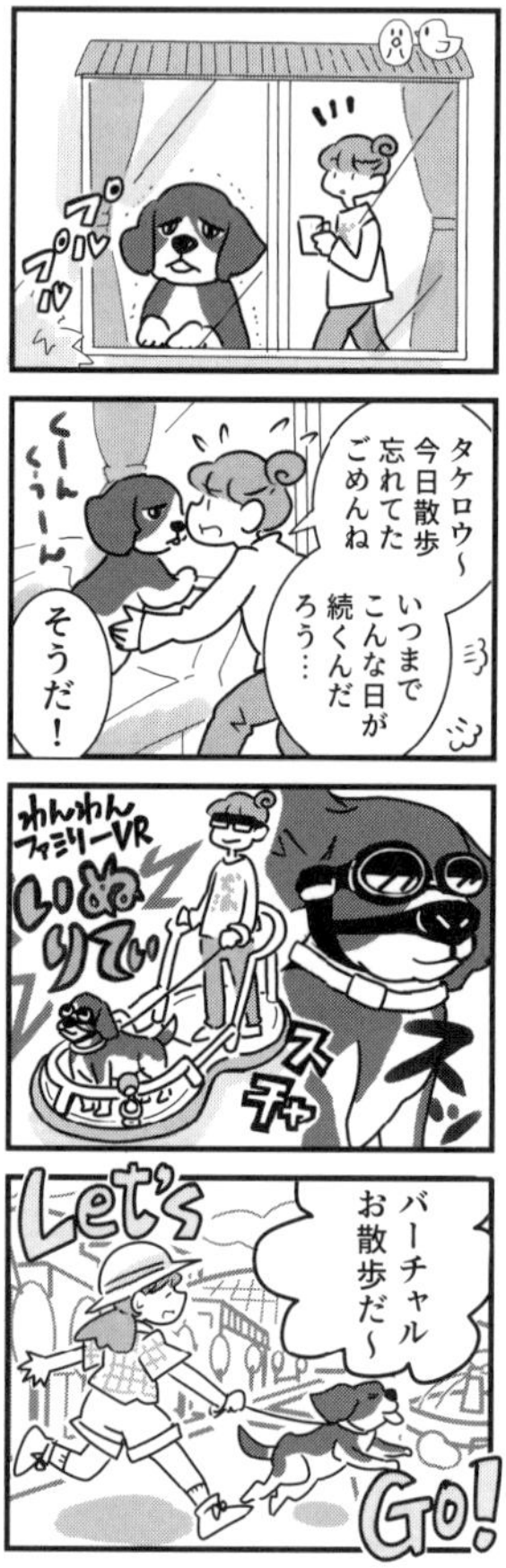

#2

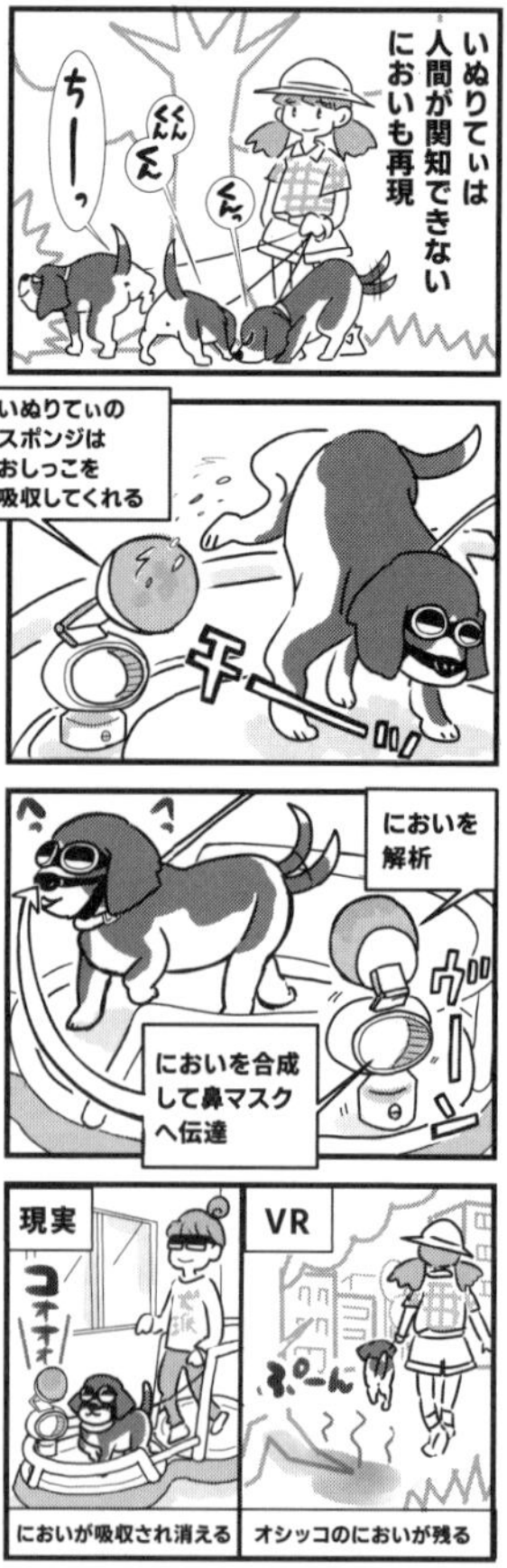

ペット用VRの可能性

2018年、豪Isobar社は猫用HMD「CatVR」を発表。ペット用VR市場は今後開拓されていくだろう。動物の感覚は人間と大きく異なる。例えば犬用VRを製品化するには、嗅覚や聴覚を人間の解像度以上に精密に再現すること、呼吸や体温調整など元々の生体システムを妨げないことなどが不可欠だ。人間本位でない、動物の立場や環世界を考えての試行錯誤が望まれる。

漫画：竹ノ内ひとみ
原作：宮本道人・矢代真也
設定監修：森尾貴広・安藤英由樹

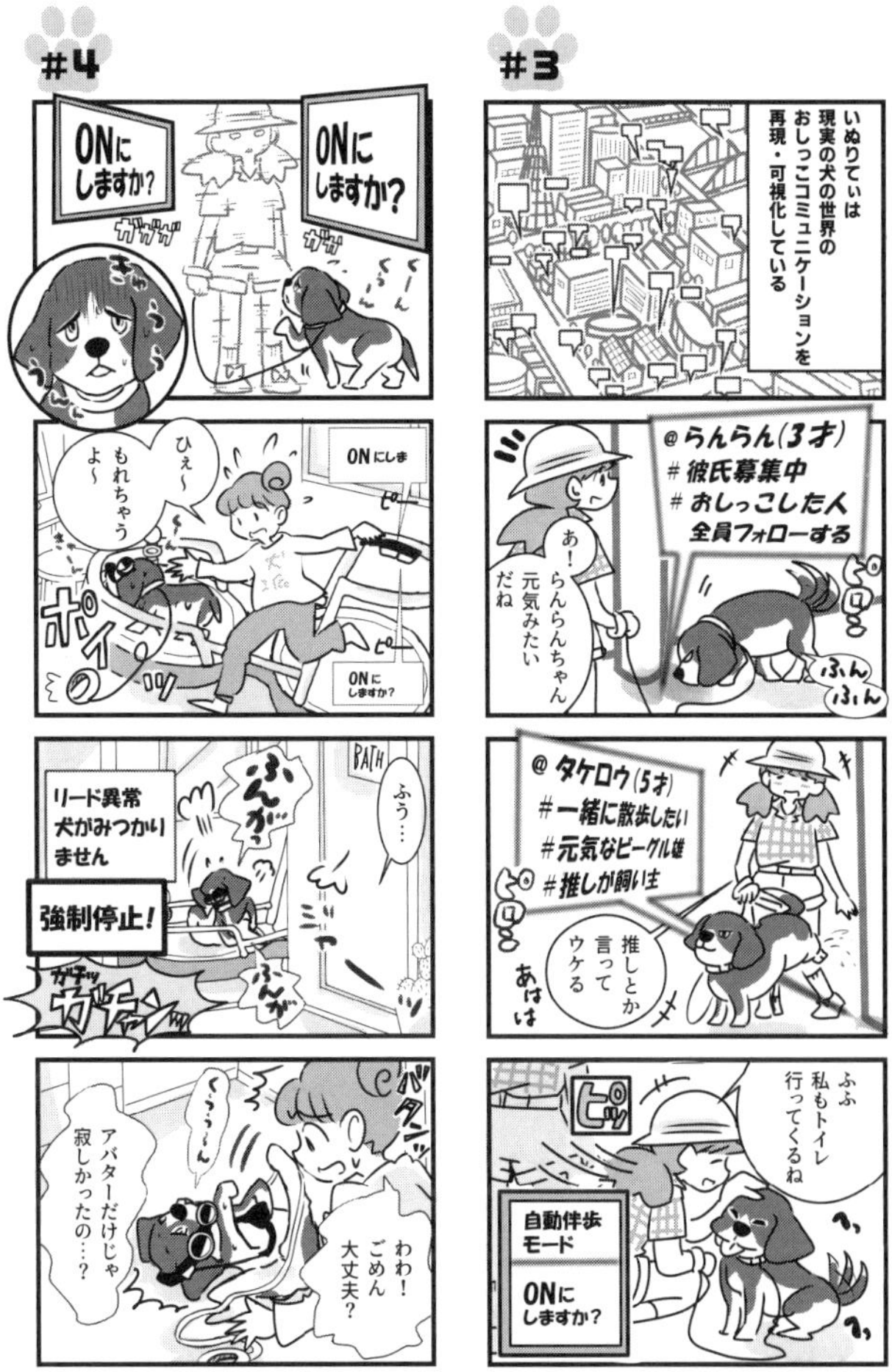

お散歩は犬と人がコミュニケーションする大切な時間。自宅でおしっこできても飼い主への愛は止まらない！

犬の「おしっこ」コミュニケーション

おしっこによるマーキングは、犬が自分のなわばりを主張するものだと長らく考えられてきた。しかし、近年の研究では、犬はほかの犬が残したニオイを嗅ぐことで、年齢や性別、健康状態や発情の有無などを読み取っていることが示唆されている。彼らはおしっこの残された痕跡を通じて、まるでSNSを使いこなすようにコミュニケーションしているのだ。

プロフィール

竹ノ内ひとみ◆マンガ家。『のれんをくぐりましょ。』など。犬派。

宮本道人◆科学文化作家。編著『プレイヤーはどこへ行くのか』など。猫も好き。

安藤英由樹◆研究者。専門は、VR・インターフェイス。メカが好き。

森尾貴広◆研究者。専門は、アフリカ、コンテンツビジネス。保護猫を4匹飼っている。

矢代真也◆編集者。マンガ、書籍などを手がける。好きなマンガは『ワイルドライフ』。

6 vol.30

作例② ホモ・マンガピエンス

２０１９年10月開催の国際会議「7th International Conference on Human-Agent Interaction」におけるワークショップ「Envision of Acceptable Human Agent Interaction based on Science Fiction」にて発表した作品（提出は２０１９年9月6日）。研究発表の形式に則っているため、概要（２０８頁）のみ事前にウェブ公開された。原文は英語であり、ワークショップではこれを印刷して配布、英語で説明を行ったほか、質疑応答や議論を計30分行った。

執筆は『心の穴太郎』『汚部屋そだちの東大生』などの作品がある漫画家のハミ山クリニカ氏と共同で行い、イラスト付きショートショートの形式で作成した。ハミ山氏は東京藝術大学美術学部中退、東京大学理学部生物学科卒業という特異な経歴の持ち主で、芸術と学術の双方に造詣が深い。ＳＦプロトタイピングではこのような人材が重宝される。最終的なアウトプットの際には、ハミ山氏が作画、筆者が文章を仕上げたが、過程においては互いに意見を出し合って作成している。

ヒューマンエージェントインタラクション（ＨＡＩ）という研究分野の未来を、ＳＦプロトタイピング的なアプローチで考えてほしい、ということが前提となっているワークショップであったため、その趣旨に沿って作成。一つの研究が様々なガジェットを生み出して社会現象に展開、ついには人類の在り方さえも変えてしまう、といったストーリーで、ＨＡＩ研究の可能性を描いている。

実際にこのような未来が訪れることはないであろうが、可能性はゼロではないギリギリのレベルを探ったのが本作のポイント。これをそのまま開発しよう、という提案ではなく、このような価値もあり得るのだということを見せて、会議参加者にその他の広がりまで自発的に考えてもらい、危険性なども含めて議論してもらうことを主眼に置いた。

なお、本書掲載にあたり自ら日本語に翻訳したほか、イラストにも微修正を加えている。

ホモ・マンガピエンス

――あるいは神経科学、HAI、マンガ研究が組み合わさった先に生まれる未来について――

ハミ山クリニカ、宮本道人

神経科学とHAI研究とマンガ研究が組み合わさった先の未来には何が起こるのだろう。

本プレゼンテーションでは、そんな未来を、SF短篇とともに考えてみたい。通常の論文形式では、限定された技術的提案は可能でも、その技術が発展した先にある幅広い可能性――例えば社会の変革や、人類の変容など――について議論することは難しい。そこで我々はSF短篇という形で未来を描くことにした。また、マンガのことを考察するのには、マンガという表現手法が最適であるため、我々はマンガイラストレーションと文章を組み合わせた形式を採用した。

以上のような手法で我々が描いたのは「思考を自動でマンガ化するデバイスが作られたら何が起こるか」という思考実験である。ストーリーとしては、ある一人の人間が、自らのルーツを見直しながら、人類の今後に思いを馳せるというものになっている。ぜひ、読者の皆さまも、もし自分がこの社会に生きていたらどうなるのか、ワークショップで共に考えて頂ければ幸いである。

1

私のルーツは、人類進化のカリカチュアのようなものだ。私の祖母は、まだ言葉の話せない父の脳内を知りたいと考え、子供用の試作品 Brain Manga Interface 実験に応募した。だから私の父は、子供の頃から Brain Manga Interface とともに育ち、思考を常にマンガナイズされながら生きてきた。

2

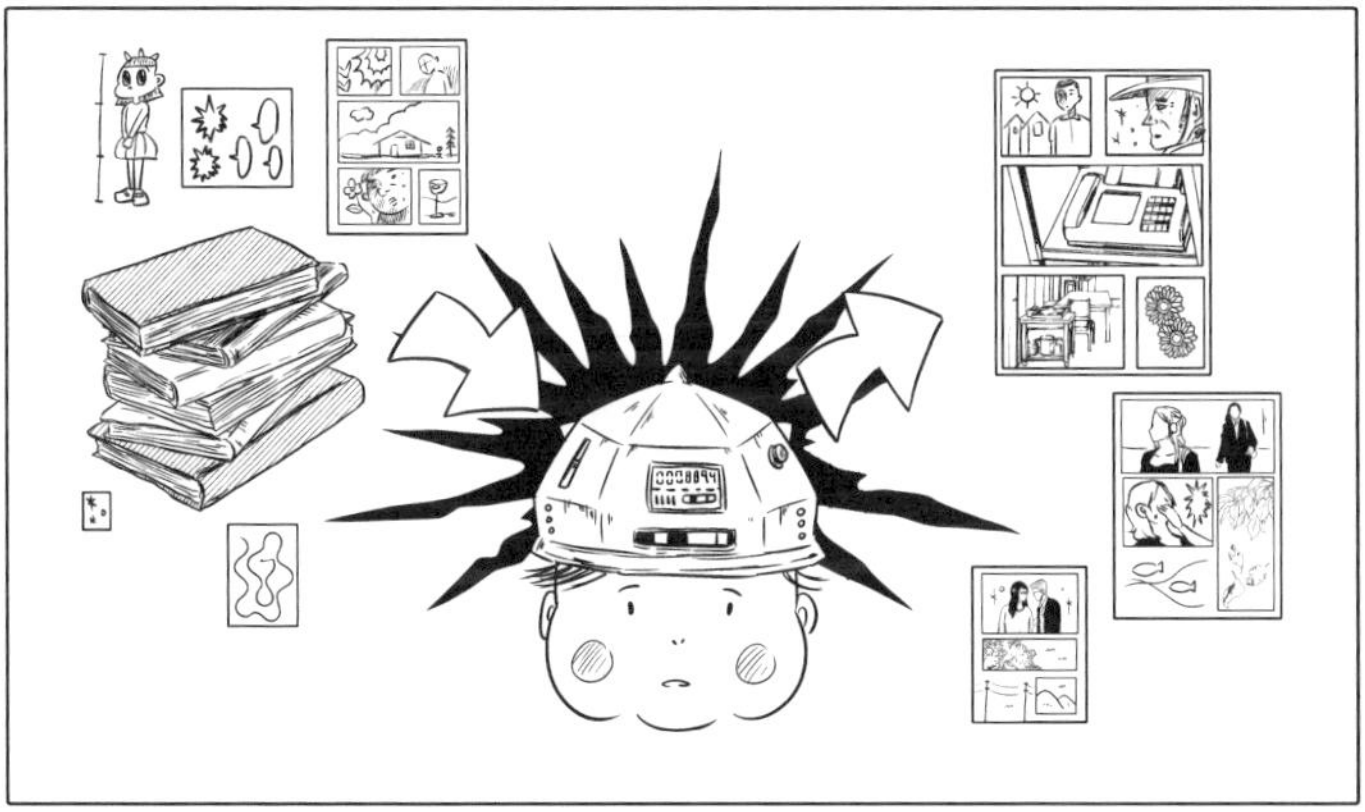

Brain Manga Interface は、対象の脳神経活動を読み取り、それに対し過去のマンガの膨大な情報を照らし合わせ、その人の今の思考を表現するのに最も適切なマンガを生成する。情報のサイズが少なくて済む線画は、脳の情報を読み出し、通信するのに都合が良かった。はじめはうまく Brain Manga を出力できなかった人々も、いつしか脳を柔軟に変化させ、徐々にマンガでリアルタイム思考する方法を身に付けた。

3

改良を重ねたBrain Manga Interfaceは、気軽に装着できる帽子型デバイス“comicap”として世界中に普及し、ファッションの最先端をいくようになった。それと並行して、プリンタや紙にも大幅な技術革新が訪れ、Brain Mangaは即時に遠隔共有印刷できるようになった。こうして街は帽子とプリンタと紙で埋め尽くされ、人類はGreat Printable Networkの中で生きるようになった。

4

Great Printable Networkを活用したビジネスが次々に生まれてきたが、中でも太陽系郵便局連合が始めたPersonal Manga Post Droneは大きな話題を呼んだ。プリンタから出力されたBrain Mangaに赤ペンで修正点を描き入れ、いつも自分の脇を飛んでいるManga Postに投函すると、修正された公開用マンガがSNSに配信されるのだ。「マンガ映え（mangagenic）」を第一に考えた奇妙な生活を送る若者たち“comicaper”は社会現象になったが、私の母はそんな喧騒を尻目に、マンガと人間の関係を静かに考えているような子供だった。

5

大人になった母は大学でBrain Manga Engineeringを学び、Great Printable Network上で使用できる新しいアプリケーション“comicommu”を開発した。このアプリを起動している人間同士が近くにいると、互いのBrain Mangaが相互作用し、本人たちの無意識同士の交流が新しいマンガとして出力されるというものだ。母がこのアプリを思いついたのは、研究室の留学生に実験プロトコルを教える際、言語や習慣の壁を越えて自動でコミュニケーションが生成されたらいいなという願いからだった。

6

母のcomicommuにいち早く目をつけて世間に広めたのが、当時ベストセラーを連発していた人気のcomicaperだった父である。当時、多くのcomicaperは、comicapが参照する過去のマンガの類型に引きずられていたのだが、父はそこから脱しようとcomicommuを使いこなし、新しいBrain Manga表現を創り出していった。母はそんな父に惹かれ、comicommu上で愛を育んだ。2人は文字通り口から言葉を交わすことのないまま結婚し、そうして私が生まれた。

7

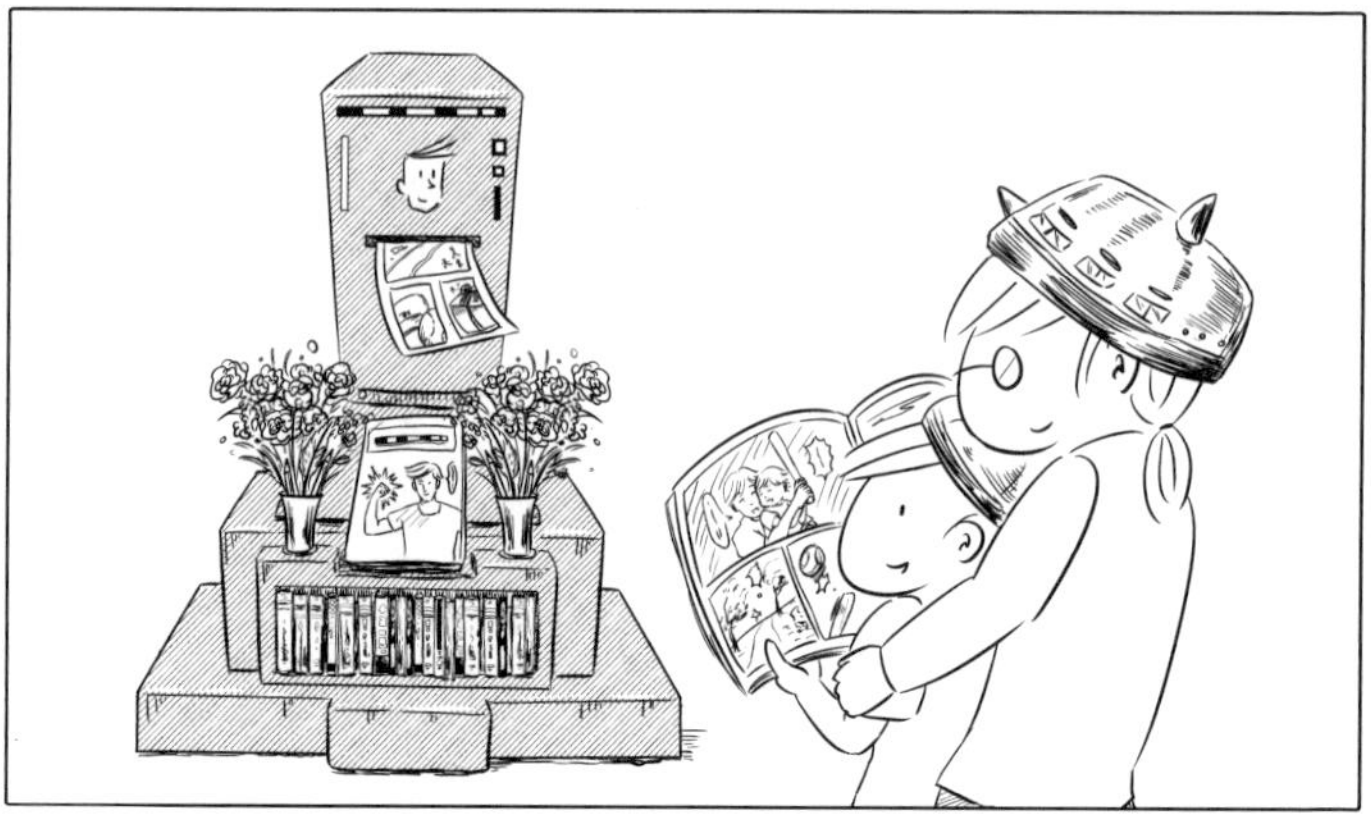

幸せな日々がしばらく続いたが、父は社会派ドキュメンタリー Brain Manga を作成しに宇宙空間に取材に行った際に不慮の死を遂げ、まだ幼い私を抱えた母は途方に暮れた。しかし技術者である母は、父の生涯にわたる膨大な Brain Manga データから、自律行動するマンガキャラクターとしての父を、comicommu 上に作り上げた。だから私は父とはマンガ世界上でコミュニケーションを取って育ち、母とは現実世界上でコミュニケーションを取って育ち、2つの世界を平行に生きる人生を歩むことになった。

8

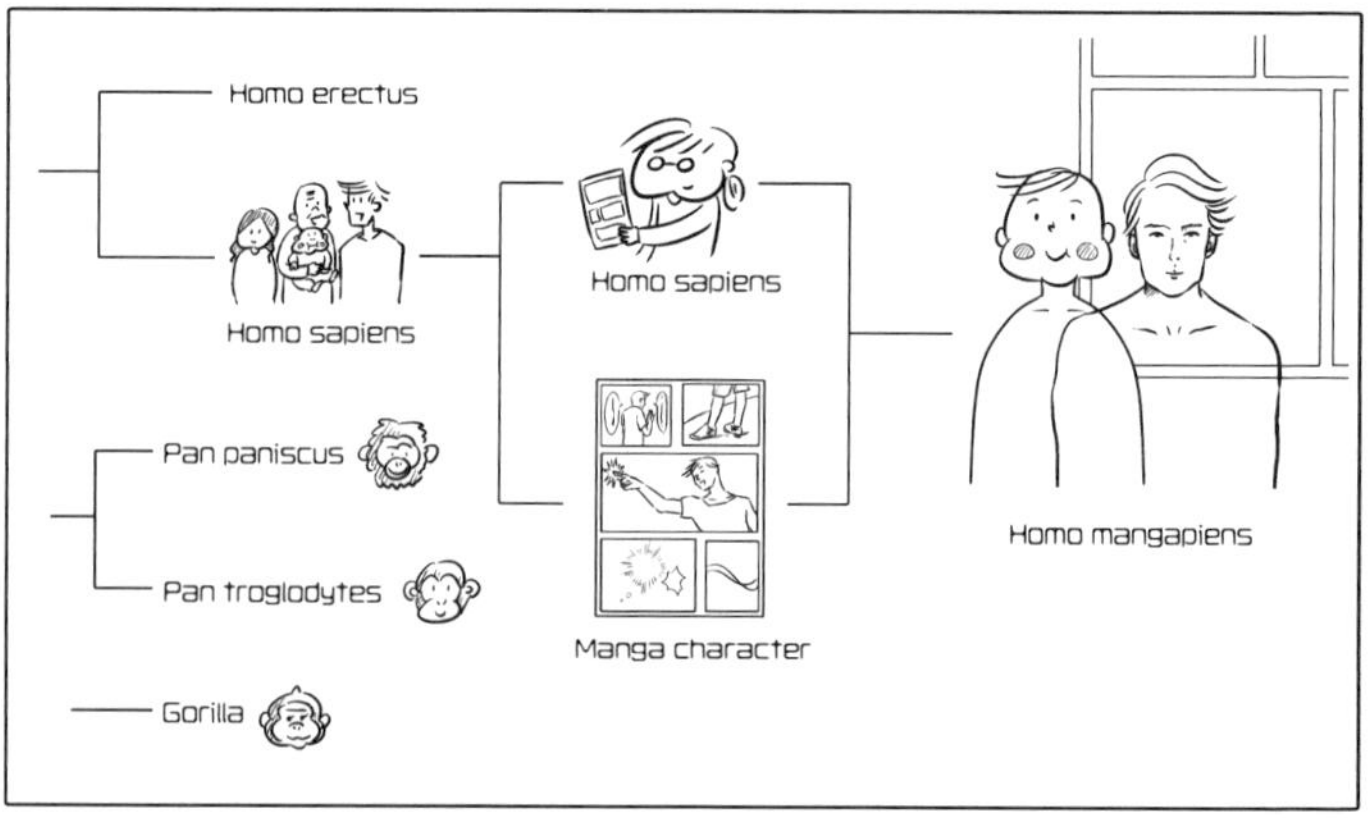

私は自分が人間であると同時にマンガキャラクターであるとも思っていて、ある意味で私はその2つの種族の混血児のようなものとも言えるのかもしれない。最近では私のような人間はそれほど珍しいものでもなくなっているが、ふとしたときに、私たちと旧い人類との間にある大きな隔たりに、言いようのない深淵を感じる。いつか私たちは、ホモ・サピエンスと分かれて別の道に進んでしまうのかもしれず、それはもはや、生物学的な進化の一種に近い何かにもなり得ると思うのだった。

以上、二つの作例を紹介した。

ここまで、SFプロトタイピングの様々なパターンを解説してきたが、筆者が提示したのはあくまで一部に過ぎないし、そもそも型にとらわれず様々な可能性を開拓してゆくのが最も大事なことである。そうでないと、代わり映えのしない作品が市場に量産されてゆくだけで、世の中はつまらなくなる。

SFプロトタイピングは、まだ産声をあげたばかりのジャンルである。いまが新しい手法をどんどん作り出せる時期であるため、本稿を読んだ方々においては、ぜひここに書かれていない新しいチャレンジを積極的に行っていって頂きたいと思う。SFプロトタイピングの可能性を一緒に広げていければ、これ以上の喜びはない。

※作例の掲載をこころよく許可下さった、竹ノ内ひとみ氏、矢代真也氏、森尾貴広氏、安藤英由樹氏、ハミ山クリニカ氏に感謝します。本稿執筆にあたって、皆さまとのSFプロトタイピング経験を参考にさせて頂いた部分が非常に大きいです。「いぬりてぃ」の執筆や本稿への再掲手続きに関しては、NTTコミュニケーション科学基礎研究所の渡邊淳司氏にお世話になりました。「ホモ・マンガピエンス」の執筆や発表に際しては、曽祥孫澤氏、大澤博隆氏より貴重なご助言を頂きました。ここに記し感謝申し上げます。

ＳＦプロトタイピングに役立つフィクション

ＳＦプロトタイピングの参考になるフィクション作品を紹介する。ここでは、実際にＳＦプロトタイピングのアウトプットとして出てきた作品をただ挙げるのではなく、ＳＦプロトタイピングにどのような可能性が考えられるのかを理解する助けとなる様々な商業ＳＦ作品をリストアップした。

ＳＦプロトタイピングのアウトプットには様々な媒体が考えられる。小説だけでなく、漫画、アニメ、ゲームなど様々な形式の作品を挙げたので、それぞれの媒体ごとの特徴を考える参考にしてほしい。

マッピングに際しては、二つの軸を立てた。

一つは現実性の度合いである。ＳＦプロトタイピングのアウトプットは、必ずしも現代社会に近い世界を描いたものが良いとは限らない。あえて遠い世界を描くことで、まったく新しい側面からガジェットを考察することも可能になるのだ。

もう一つは課題と発想、どちらの面で役に立つかの軸である。なにが潜在的な課題なのかを認識させるものと、意外なひらめきのもとになるもの。ＳＦの「役割」をあえて二つに大別し、整理を試みた。

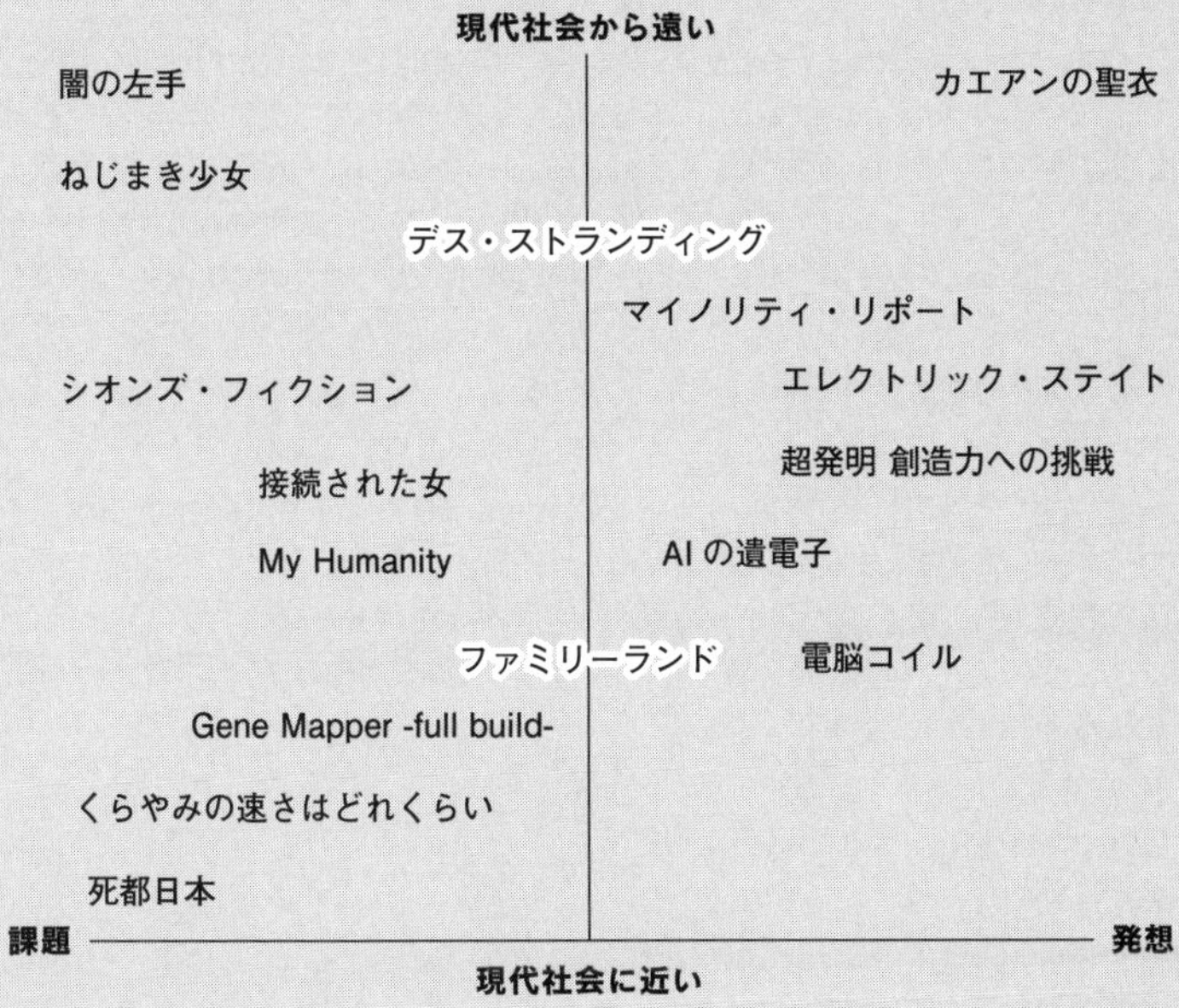
現代社会から遠い
闇の左手
カエアンの聖衣
ねじまき少女
デス・ストランディング
マイノリティ・リポート
シオンズ・フィクション
エレクトリック・ステイト
超発明 創造力への挑戦
接続された女
My Humanity
AI の遺電子
ファミリーランド
電脳コイル
Gene Mapper -full build-
くらやみの速さはどれくらい
死都日本
課題
発想
現代社会に近い

死都日本｜小説

石黒耀、2002年

「巨大カルデラが噴火したらどうなるか」を、火山学の知見と日本の社会制度を元に、数分単位で描いたシミュレーション小説。作中のメディアで使われた用語「破局噴火」は実際の火山学者たちにも共有され、日本の火山の危険性を伝える共通語になった。専門知を元にした丹念な描写の迫力が、分野の垣根を越えた議論を生み出した点は、SF プロトタイピングにおける専門家の役割の重要性を示す。（大澤）

くらやみの速さはどれくらい｜小説

エリザベス・ムーン、2002年

自閉症に「健常者になれる術」という選択肢が生まれた未来を舞台とした小説。その「治療」を受けるということはどういう意味を持つのか。社会で働く自閉症者の一人称視点から、近未来社会が持ち得る問題点が浮かび上がる。SF プロトタイピングではマイノリティや弱者の目線に立つことも重要であり、本作のようなアプローチは非常に参考になる。（宮本）

Gene Mapper -full build-｜小説

藤井太洋、2013年

当初 Kindle にて出版されて話題を呼んだ、遺伝子×エンジニアリングSF。ゼロから遺伝子操作された作物がスタンダードとなった世界で、主人公の遺伝子デザイナーはテロリストの陰謀に巻き込まれる。プロたちはそれぞれのスキルでどう社会課題を解決するのか。科学技術への警告はあれど希望に満ちている物語のトーンは、SF プロトタイプの参考例として貴重なものだ。（難波）

ファミリーランド｜小説

澤村伊智、2019年

マッチング、出産、子育て、嫁姑問題、介護、葬儀というそれぞれの人生フェイズの未来像が、様々な立場の主人公の視点で描かれた連作短篇集。一部の技術だけが進歩しているが、価値観は大きく変化していない社会で、ガジェットの負の可能性がえぐり出される。身近な恐怖が描かれた「ホラー SF プロトタイピング」的な一作である。（宮本）

電脳コイル｜アニメ

監督：磯光雄、2007年

電脳メガネによって、我々の空間に電子的情報が重ねて表示される社会を描いた作品。古典的な日常ジュブナイルファンタジーの文脈を使いつつ、AR 技術やレコメンデーション等、情報技術が日常に自然に溶け込んだ空間を演出している。最先端技術をそのまま見せるのではなく、あえて懐古的で親しみやすいものとして描く手法は、人々への技術理解を促す伝え方の参考になるだろう。（大澤）

My Humanity｜小説

長谷敏司、2014年

4 篇収録の短篇集。人工神経制御言語 ITP により、非言語的情報が伝達可能になった世界。老人から日本文化を受け継ごうとする主人公の選択を描き、未来のナショナリズムを探る「地には豊穣」。ITP を使って小児性愛者を分析するなかで、異質な価値観に侵されていく父親の恐怖を描く「allo, toi, toi」。どちらもコミュニケーションの問題を SF 的想像力によって探索する方法を提示している。（難波）

AIの遺電子｜漫画

山田胡瓜、2015 - 2017年

人工知能関連の多様な問題を扱った短篇集。機械の「医者」を狂言回しに置き、知能や認知に関するテーマを、操作可能なパラメータを持つ他者であるヒューマノイドと、道具としてのロボットの両者を使い分けて描いた。人々の価値観の変化に重点を置いた本作の語り方《ナラティブ》は、少女漫画に連なる日本漫画独自の利点を示す。漫画形式の SF プロトタイピングの好例である。（大澤）

接続された女｜小説

ジェイムズ・ティプトリー・ジュニア、1973年

容姿に恵まれない女性が自殺未遂のあとに、脳を美少女アバターに接続され、商品宣伝をするアイドルとして生まれ変わる。半世紀前の執筆であるにもかかわらず、仮想身体や広告技術、ルッキズムやジェンダーと極めて今日的なテーマを扱った本作は工学からジェンダー学まで多分野に影響を与えた。作家の技術と社会問題への真摯な想像力が現実を押し広げた、SF の力を示す極例の一つ。（大澤）

超発明 創造力への挑戦｜イラスト＋テキスト

真鍋博、1971年

自由奔放に想像された「発明」が129個、絵と文章で描かれた一冊。著者は星新一の小説の挿絵でも有名なイラストレーター・エッセイスト。1971年の作品なので、それから何がどう実現したのか考えながら読むのも良いし、未来を視覚的に考える楽しさをただ味わうのも良いだろう。絵と文章の組み合わせはビジョンをわかりやすく伝える良い方法であり、SFプロトタイピング向きの形式であることがよくわかる。（宮本）

シオンズ・フィクション｜小説

シェルドン・テイテルバウム＆エマヌエル・ロテム編、2018年

イスラエルのSF・ファンタジーのアンソロジー。ある国の作品を集めたアンソロジーを読むと、その国民の科学技術観・未来観の一部に触れることになる。各著者の解説からは、どのような経歴の人物が作家になっている国なのか、その国がどうSFを扱っているかなども窺い知ることができる。日本のSF界も、世界からそのような観点で見られると意識すべきだろう。（宮本）

エレクトリック・ステイト｜イラスト＋テキスト

シモン・ストーレンハーグ、2018年

戦争で荒廃した架空の1990年代を描く、叙情的なイラストレーションと物語のハイブリッド作品。もしかしたらすぐそこにあるかもしれないディストピアが語られている。視覚的なインパクトと文字によるディテールが同時に達成された本作は、読む人を別世界へと静かに誘い、印象に残り続ける。SFプロトタイピング表現の豊かなバリエーションのためにぜひとも読んでおきたい一作だ。（難波）

マイノリティ・リポート｜映画

監督：スティーブン・スピルバーグ、2002年

SF作家フィリップ・K・ディックの短篇を元にした映画。監督のスピルバーグは、本映画の未来をリアルにするため、MITメディアラボのジョン・アンダーコフラーを含めた未来学者シンクタンクを設立し議論を重ねた。作家と研究者が協働した、現代的SFプロトタイピングの先例。劇中のインタフェースは当時の最先端研究を反映しており、現在では我々が使うスマートフォンの操作に多く反映されている。（大澤）

デス・ストランディング｜ゲーム

制作：コジマプロダクション、2019年

怪現象によって崩壊したアメリカを舞台に、配達人の主人公が人々を繋いでゆくデジタルゲーム。コロナ禍による社会の分断を予測したかのような作品でもある。主人公の男性は胎児を「装備」し、あやしながら敵から逃げることになるのだが、コントローラーから胎児の声が聞こえるなど、ユニークなガジェットを自ら体感させられるギミックが印象に残る一作。（宮本）

ねじまき少女｜小説

パオロ・バチガルピ、2009年

海面上昇による都市の水没、遺伝子組み換えによる致命的な作物病の流行。それに唯一耐えうるのはバイオ企業が販売管理する種子のみ……。環境破壊の進んだディストピアが描かれ、そこで生きる人々の意志が語られる作品。未来の世代のために私たちがなすべきこと、してはならないことを考えるため、前もって未来を想像する力をここから学ぶことができるだろう。（難波）

闇の左手｜小説

アーシュラ・K・ル・グィン、1969年

「王は身ごもっている」という衝撃的な状況から始まる物語。人類同盟の使節である主人公は、雪と氷の惑星で、パートナーとの関係によって性・ジェンダーが変化する人々に出会う。はじめは反目するも、いつしか困難をともに超えるため手を差し伸べ合う登場人物たちの様子に、性とジェンダーをもつ私たちがどのように他者と関わるべきか再考させられる、優れたジェンダーSFである。（難波）

カエアンの聖衣｜小説

バリントン・J・ベイリー、1976年

ある時、宇宙服と一体化した人類が発見される。一方、身にまとうことで人々を魅惑する聖衣を発見したキャラクターが、次々と人々を支配していく……。荒唐無稽にも思える事象や生き物を描くことで、逆に私たちの存在のリアリティをえぐり出す、SF的快楽に満ちた作品。SFプロトタイピングが、異様なものを介して本質的な未来像を描く可能性を、この作品に見出せる。（難波）

第3章 SFプロトタイピングが世界を変える

SFプロトタイピングの革命は、すでに始まっている。マイクロソフト、インテル、ANA、中国政府……世界の最先端では日夜、SFを活用することでイノベーションが生まれているのだ。本章ではアメリカからルース・ワイリー（Ruth Wylie）氏、中国から呉岩（Wu Yan）氏、張峰（Feng Zhang）氏をお招きして、それぞれの国での取り組みについてお話を伺った。

ルース・ワイリー氏はアリゾナ州立大学「科学と想像力センター（CSI）」のアシスタント・ディレクターとして、SFプロトタイピングの研究・実践を行っている。CSIはSFプロトタイピングを専門の研究対象とする米国随一のセンターであり、所長のエド・フィン氏を含め、多くの作家が所属している。ワイリー氏はヒューマン・コンピュータ・インタラクションや教育の専門家でもあり、科学技術を女性に広める研究も行っている。生徒の学習参加態度を分析するICAP（インタラクティブ・コンストラクティブ・アクティブ・パッシブ）フレームワークの開発によって、アクティブ・ラーニング研究の業績もある。

呉岩氏は中国でたいへん有名なSF作家であり、SF研究の第一人者でもある。長年、北京師範大学に教授として勤務するなかで、1991年に中国の大学で初めてのSF課程を開設し、2003年には修士課程を、2015年は博士課程を開設するなど、SF教育を牽引してきた。北京師範大学を退職した後、南方科技大学の教授に就任し、2017年、同大学内に科学・人類想像力研究センターを創設。センターには多くの作家や研究者が所属している。

張峰氏は香港大学名誉助教、南方科学技術大学人文科学センター客員研究員、深圳科学幻想成長基金首席研究員である。南京大学およびメリーランド大学で人文地理学を学んだ博士。専門分野は主に都市設計・都市開発で、現在は中国ＳＦの歴史、ＳＦ産業の発展、ＳＦと都市開発、ＳＦと技術革新などを研究している。中国科学普及作家協会専門委員会委員や世界華人ＳＦ協会事務総長などを務めるほか、「三豊」の筆名でＳＦ評論も行っている。

座談会のあとに、難波優輝による論考を掲載した。ＳＦプロトタイピング小史を紹介しながら、現代美学からＳＦプロトタイピングの力を引き出すための観点を整理したものである。

以上を通し、ＳＦプロトタイピングが世界でどのように活用されているのか、体感して頂ければ幸いである。

座談5　技術・社会・経済を駆動する想像力

ゲスト

ルース・ワイリー

アリゾナ州立大学
「科学と想像力センター（CSI）」
アシスタント・ディレクター

×

呉岩

南方科技大学教授

×

張峰

香港大学名誉助教

【ゲストプロフィール】

ルース・ワイリー (Ruth Wylie)

アリゾナ州立大学「科学と想像力センター（Center for Science and the Imagination)」アシスタント・ディレクター、メアリー・ルー・フルトン・ティーチャーズ・カレッジ准研究教授。専門は中学校、高校、大学の学生と教師のための教育技術の設計、開発、および実装。理論研究から得た知識や洞察を、実社会における課題解決に応用している。

呉岩 (Wu Yan)

中国のSF作家、南方科技大学人文社会科学部教授。2017年から同大学の科学・人類想像力研究センター（Science and Human Imagination Research Center）の所長を務めている。Chinese Orbit（中国軌道）、Spiritual Quest（心霊探検）、Life and Death of the Sixth Day（生死第六天）など多くの小説を執筆している。2020年にScience Fiction Research AssociationからThomas D. Clareson Awardを受賞するなど、数々の賞を受賞している。

張峰 (Feng Zhang)

中国のSF評論家、研究者。評論活動においては「三豐」の筆名で知られる。南方科技大学人文科学センター客員研究員、深圳科学幻想成長基金首席研究員、香港大学名誉助教、世界華人SF協会事務総長、SF評論誌『星雲科幻評論』編集長。中国SFの歴史、SF産業の発展、SFと都市開発、SFと技術革新などを研究している。

SFプロトタイピングは無数の名を持つ

大澤　アメリカではSFプロトタイピングの概念はどのくらい普及しているのでしょうか？　その歴史的な位置づけはどのようなものですか？

ワイリー　SFプロトタイピングの根元にあるアイデアは、実際には様々な方法で実践されています。しかし、それらは必ずしもSFプロトタイピングと呼ばれているわけではありません。デザイン・フィクション、スペキュラティブ・フィクション、ダイジェティック・プロトタイピング、フューチャー・シンキングなど、様々な用語で呼ばれています。世界を構築し、人々が未来について考えることを奨励するという考えを、これらの概念は共有していると思います。実際、私たちが行っている仕事も、必ずしもSFプロトタイピングと呼ばれているわけではありませんが、未来のことを新しく面白い方法で意識的に考えるように促すという考え方を共有しています。

デザイン・フィクションでは多くの場合、形のある具体的な人工物を作り、それを技術的な観点からだけでなく、社会的、文化的な観点からも考えます。「それを使いたいのは誰か」「それは彼らの一日をどのように変えるのか」「それは良いことなのか、悪いことなのか」といった問いですね。物語でも同じことができます。物語を読むことで、とくにその物語が会話やファシリテーションでフォローアップされている場合、未来の探究に没頭することができます。デザイン・フィクションやSFプロトタイピングといった手法はすべて、未来を考え、その思考プロセスに参加するという考え方を共有しているのです。少なくとも私たちが行っているワークの中では、会話に参加することが大切だと考えています。それが本当の変化を起こすきっかけになるからです。

大澤　中国には、SFプロトタイピングという概念に対応するものはあるのでしょうか?

張　私が知る限り、SFプロトタイピングの正確な概念はまだ中国には紹介されていません。私自身、このコンセプトを中国のSF界やビジネス界に紹介したいと思っていますし、近い将来、中国で企業を巻き込んでSFプロトタイピングの実験を行うことも考えています。ただ、同じようなことはすでに行われていると思います。具体的な例としては、SF教育や、SF作家と企業とのパートナーシップ、地方政府とのパートナーシップなどがあります。このようなSFと実践のコラボレーションは、中国にも存在します。

大澤　アメリカではSFプロトタイピングの研究はどのように行われてきました

か？

ワイリー　アメリカでは、かつてSFは真面目な批評や研究をする対象ではないと考えられていました。それは子供向けのものとされ、パルプ・マガジンと呼ばれる安価な大衆誌に掲載されていました。しかしいまは変わり始めています。カンザス大学にはSF研究センターがありますし、私たちはUCリバーサイドのスペキュラティブ・フィクション研究者とも交流してきました。文学部だけではなく、デザイン学部でもSFプロトタイピング研究は行われています。カーネギーメロン大学シチュエーション・ラボでは、SFプロトタイピングの手法をどのように使うかを検討しています。また、アリゾナ州立大学以外の大学の科学技術系学部でも多くの取り組みが行われています。SFプロトタイピングの面白いところは、それが学際的な概念であるということです。同じような考え方が、多くの分野、多くの機関で研究されているんです。

宮本　中国やアメリカでは、未来学についてどのような研究が行われていて、どのように理解されているのでしょうか？

呉　中国の話をしますと、まず、文化大革命の前の未来学の状況はわかりません。しかしその後、いわゆる開放政策と改革の時代に入り、中国は世界で何が起こっているのかを見始めて、未来学というものがあることを発見しました。そして、当時の著名な未来学者アルビン・トフラーを中国に招いたところから、未来学は急激に大きなトピックになっていきました。以来、毎年多くの未来学者が中国に招かれ、改革の手助けをしました。１９８９年以降、その潮流は一度止まってしまったように見えましたが、21世紀に入ってから新技術の登場と世界の変化により、未来学はますます中国で人気が出てきました。この二つの時代の違いを考えてみると、最初の時代、中国は世界で何が起こっているのかを知り、とくに第三の波★を捕まえようとしていましたが、現在は開発戦略に関連した研究が多くなっています。２０５０年、２０７５年以降の戦略について多くの会議が開かれ、研究が始まっています。

ワイリー　未来学は学問として正式なものになりつつあると思います。フューチャリスト（未来学者）として企業や政府と仕事をしている人たちもいますし、学術的な観点からも未来学への関心は継続されています。

大澤　呉さんに質問なのですが、科学・人類想像力研究センターではどのような研究をされているのでしょうか。

呉　科学・人類想像力研究センターは、２０１７年の12月に南方科技大学内に作ったものです。センターでは想像力に関連するすべての問題を探求することを目標としています。私たちのカリキュラムは「知識」「能力」「行動」の3種類に分かれています。「知識」の分野では、小説から映画まで様々な作品知識を研究していま

第三の波
トフラーが１９８０年の著書『第三の波』において唱えた概念。第一の波である農業革命、第二の波である産業革命に続く第三の波として、情報革命による脱産業社会（情報化社会）が到来するとした。

す。張さんも、ここで小説研究を教えています。「能力」は、想像力と未来学の研究です。そして「行動」では、ＳＦの考え方と書き方の演習を行っています。

それから、哲学・心理学・脳科学など様々な分野の学者を集めて想像力について議論する会議や、ＳＦ・漫画・アニメに関する会議も開催しています。「科学のフロンティアからＳＦのフロンティアまで」というパネルで科学者とＳＦ作家を招待したときは、劉慈欣さんにも来ていただきました。

今、私たちは「ＳＦのトレンドとＳＦ産業の発展」という研究をしていまして、中国ＳＦデータバンクの開発、仮想世界建築センター、未来の芸術、心理学と想像力の脳科学などに取り組んでいます。また、大学だけではなく、小・中学校でもＳＦを教えています。国際交流もしていまして、昨年はカリフォルニア大学サンディエゴ校に行ってきました。彼らも想像力センターを持っているんです。

それから、一年間のＳＦの様々なトピックを集めたＳＦ年鑑を作成しています。短篇・長篇合わせて、毎年発刊されるほぼすべての小説について網羅した本で、この本だけで、中国ＳＦに何があったのかを知ることができます。

大澤　次はワイリーさんへの質問です。科学と想像力センターではどのような研究をされていますか？

ワイリー　私たちのセンターの目標は、より良い未来を作るため、人々の想像力のエンジンに火をつけることです。そのための方法として物語を使います。例えば、SFにはロボットや潜水艦、ロケットなどが描かれてきました。今日、これらのアイデアは実用化されています。ここで注意していただきたいのは、未来を予測することがSFの目的ではないということです。SFは新しい概念や新しいアイデアを紹介するためのものなのです。これらのアイデアは科学者や技術者だけでなく、一般の人々にとっても非常に刺激的なものになりえます。

物語を作る際には、技術的な根拠も重要です。私たちは技術的な土台を提供するために、SF作家やグラフィック・アーティストと様々な分野の専門家を組み合わせています。科学技術分野だけでなく、社会科学分野の専門家と一緒に、テクノロジーがどのように使われ、社会で何が起こるのかを話し合うこともできます。そうやって、私たちは多くの本を作ってきました。これらの本ではSF作品に加えて、協力している専門家による技術的な回答のエッセイも含まれています。専門家は、科学の現在地を振り返ったり、どのようにその分野が形成されてきたのかを語ったりしてくれます。

私たちはまた、SFのストーリーを作るだけでなく、研究プロジェクトも行っています。アメリカ国立科学財団の助成で教育支援デジタルツールを開発していますが、これはSFプロトタイピングの実社会応用のひとつです。また、Googleとヒューレット財団からの助成金を受けて、人工知能がSF、とくに短篇SF小説の中でどのように描かれているかを研究しています。また、最初のSF小説と評されるメアリー・シェリー『フランケンシュタイン』の出版200周年を記念し、若者の科学倫理と科学的責任についての対話に『フランケンシュタイン』を活用する研究を2018年に実施しました。他にもNASAや世界銀行など、様々な組織がSFを使った方法論に価値を見出しており、資金提供を得ています。

ホープパンクで次世代の希望を作り出せ

ワイリー　数年前に私がかかわった「サイエンス・フィクション・スタジオ」というコースについてお話ししましょう。学部の上級コースとして一学期のあいだ私たちが教えたコースで、大学院生も何人か参加していました。授業では科学と想像力センターのエド・フィンが、物語を利用して製品デザインやユーザーを想像する方法について教えたり、コンピュータ科学者のアーロン・ウォーカー氏と一緒に、技術的な側面について話をしたりしました。この授業では、学生たちにSFプロトタイピングやダイジェティック・プロトタイピングのアイデアを紹介しました。コース全体を通してチームに分かれて製品アイデアを作成するだけでなく、その背後にあるストーリーを作成することもしました。

これはあくまで一例です。他の学校でも同じような概念を教えているところがあります。こういったやり方は様々な呼び方をされているので、SFプロトタイピング教育的な試みを包括的に調べるのは難しいかもしれませんが、人気は出てきていると思います。

呉 大学レベルのSF教育については、アメリカでは1950年代にはすでに始まっていますが、中国の大学でのSF教育はここ30年ほどです。1976年の文化大革命の後、中国は「ああ、この惑星地球には他の言葉があるんだ」ということを学び始め、世界のSF発展の流れに乗り始めたのです。そのため、最初のSF教育は英語学習のための英語学科から、1982年に始まりました。そして1991年、私は大学で最初の、中国語を使ったSFコースを作りました。現在、学部レベルでは、より多くの大学がSFコースを設けていますが、その多くは映画に関連したものです。そのため、映画を教材にしたカリキュラムがほとんどです。北京師範大学では、修士や博士のSFプログラムがあります。他の大学の教授の中には、学位論文で扱う対象としてSF研究を指導している人もいますが、とくにSFのプログラムを持っているのは北京師範大学だけでした。また、2020年から南方科技大学は香港科技大学と協力して、博士課程のプログラムを立ち上げました。2020年のカリキュラムでは、私のクラスに160名の方が参加しました。
小中学校のレベルでは、2017年5月に、SF教育に関する最初の大きな会議が北京景山学校で開催され、約500人の教師が参加しました。その後、同様の会議が浙江省温州市、広東省珠海市、北京市など様々な場所で開催されました。こうしてたくさんの教師が教室でSFを教えるようになったのですが、これはある意味ボトムアップ的な方法で、他方にはトップダウン的な方法があります。小学校の授業で用いるSF教科書のシリーズを作ったり、全国レベルや地区レベルなど学生のテストの題材としてSFを使用したりといったことです。
宮本　子供たちはSFを通して何を学ぶのでしょう。SF教育と理科教育、文学教育の違いは何でしょうか。
呉　私たちは、とある地域で三つのレベルのSF教育を行っています。小学校では、想像力を守り育てることに重点を置いた教育をしています。中学校では、想像力を別の教科、物理学、数学、化学、生物学に拡張する方法を教えようとしています。高学年になると、SFを使って批判的思考や創造的思考をする方法を教えようとしています。
ワイリー　呉さんのお話は興味深いです。2014年、私たちのチームは、何人かのSF作家と一緒に、ホワイトハウスの科学技術政策局に招待されました。彼らは

「まだ発明されていない技術に対してどのように政策を立てるのか」ということにとても興味を持っていました。ガバナンスは現在だけでなく未来のためのものでもあり、先見性を持った政策を行うことが重要なのです。

中国でのSF教育から、アメリカの学校は多くのことを学ぶことができそうです。私たちがセンターで作成した作品もいくつか教育現場で使われており、例えば持続可能性を漫画で学ぶ教材として中学生に読まれています。ただこれらは、学校でのSFの活用方法について多くの可能性を示したものの、まだ広く使われている状況ではありません。どうすればSFをより広い範囲で使うことができるのかを考えることが重要だと思います。科学に限らず、想像力を働かせる方法として幅広く役立つからです。

呉　北京の中国人民大学に併設されている高校には、SF物理というカリキュラムがあります。私たちはその教室を訪問し、とある調査をしました。「この授業を受けて、科学者になりたいかどうかの度合いが変化するか」という調査です。事前の質問では、最初、学生の大部分が「科学者になりたい」と答えていました。しかし、全体の学期を教えた後に同じ質問をすると、「なりたいと思わない」という答えが返ってきたのです。その原因を探ってみると、授業で使っていたSF映画がアメリカのもので、ほとんどの場合に科学者が悪役でした（笑）。だから次の学期には別の映画を使ってみることを提案しました。

ワイリー　我々のセンターでは、より楽観的なＳＦを作ることに重点を置いています。では、どうやって希望を持たせるか？　それが課題のひとつで、物語のトーンであったり、誰が善人で誰が悪人なのかといったことも重要ですし、人々が物語をどのように受け止めて自分の人生に反映させるかを認識することも非常に重要だと思います。

張　私たちは今、「ホープパンク」＝希望のパンクという言葉を掲げています。「サイバーパンク」から来ている言葉です。希望を持ってＳＦの物語を書くために、作家を動員しようとしています。

大澤　日本でも、ＳＦが描く未来は暗い、という固定観念がややあります。ただＳＦにはネガティブな要素をポジティブに変換する力があると、私は信じています。

火星になった小さな町

大澤　ＳＦプロトタイピングがビジネスや公共機関や政府にどのように貢献しているのか、ということにも焦点を当てていきたいと思います。アメリカでは、これまでどのようなＳＦ活用事例がありましたか？　また、企業や政府がＳＦを使ってイノベーションを起こすためには、どのような関係が望ましいのでしょうか？

ワイリー　ＳＦとイノベーションの間のフィードバックループはいろいろあります。多くの科学者や技術者が幼い頃にＳＦを読んでいたと話しており、そのことが彼らのキャリアに刺激を与えています。また、企業が独自のＳＦを制作して、現在の従業員や協力者だけでなく、次世代の人々にも刺激を与えようとする取り組みもあります。

２０１５年には、マイクロソフトが『Future Visions』というアンソロジーを制作しましたが、これは間違いなく企業としてのインパクトがあったと思います。ＡＮＡはXプライズ財団★と連携して、ＳＦの活用方法を考えています。また、企業のなかには未来学者やＳＦ作家を役員やチームの一員として採用しているところもあります。ＳＦ作家のニール・スティーヴンスンはMagic Leapというテクノロジー企業のチーフフューチャリストです。

ＳＦは若い人たちに、自分の仕事について異なる方法で考えるようなインスピレーションを与えることができます。ニール・スティーヴンスンと一緒に仕事をしていた構造エンジニアから聞いた話があります。彼はニールから「特別な材料を使わず、どれくらいの高さの建物を建てられるか」という質問を受けたそうです。この構造エンジニアは、これまでそのような質問をされたことがありませんでした。

Xプライズ財団
アメリカの財団。ピーター・ディアマンディスが１９９５年に設立。月面無人探査やロボット開発など、様々なコンペティションを開催している。

彼は20年間研究してきた分野について、まったく違った見方をするようになりました。彼は、実践へのアプローチの仕方を変えただけでなく、教育へのアプローチの仕方も変えたそうです。今では彼は教授として、学生に構造工学を教える際にSFを使っています。

張　Xプライズでは、SFゲームを作るメンバーの一人としてSF作家の陳秋帆★を招聘した未来学のプロジェクトも実施していましたね。例えば、海洋が地球に与える影響の未来についてのストーリーを、陳秋帆を含むSF作家たちに書いてもらう、といったものです。

宮本　アメリカでも、中国人作家が活躍されているのですね。ちなみに、アメリカでは、SF作家は企業にどのようにアドバイスをしているのでしょうか?

ワイリー　多くは秘密保持契約の下にあるので、詳細は公にはされていません。しかし、企業の製品開発だけでなく、自社製品の利用法を理解するのを支援するというものも含めて、様々な例があります。

学際的なチームが新しい洞察力や新しい考え方をもたらすこともあります。例えば、映画の制作にSF作家を起用するだけでなく、科学者が映画の制作に協力するというやり方も注目を集めています。映画『インターステラー』では、科学者が協力してブラックホールを視覚的に描写する方法を制作者に説明しましたが、その協

陳秋帆

（1981-）

中国の作家。北京大学卒業後、バイドゥやGoogleに勤務するかたわら、SF作家として活動。著書に『荒潮』など。

力は美しい映画を作るだけでなく、科学的な発見★にもつながりました。これは科学者とメディアを制作している人たち双方にとって有益な関係性です。

同じ方法で訓練を受け、同じ方法論を使い、同じ問いをもつことに慣れている専門家のグループと一緒に仕事をしていると、どうしても同じ答えが返ってきてしまいます。しかし、SF作家であろうと他の分野であろうと、多様性を取り入れることで、新しい問いや新しい方法を得ることができますし、うまくいけば新しいイノベーションが生まれます。とくに技術的・科学的なことにも慣れているSF作家は、そのプロセスに物語的な視点や未来の視点、創造的な視点をもたらしてくれるのです。

大澤　中国の場合、企業や政府とSFの関係はいかがでしょうか?

呉　SF作家たちは、企業の開発に関わる様々な分野で活躍しています。例えば昨年、私たちSF作家のグループはスピーチバレーというところに招かれました。人工知能、とくに音声から文章への変換を研究している企業で、そこで私たちは様々な人たちとミーティングをして、アドバイスをしました。それから、テンセント★からゲームの仕事を頂き、SF的な発想でゲームのデザインをしたこともあります。

張　興味深いのは、SF作家がAI研究のような最先端の研究に参加するよう招待されているということです。最近の例としては、シノベーション・ベンチャーズ★が

科学的な発見
『インターステラー』に協力した科学者チームは、監修を通じて得られた知見をもとに、ブラックホールに関する論文を科学雑誌に発表した。

テンセント
中国のテクノロジー企業。メッセンジャーアプリ「WeChat」を開発・運営。

開発したAIライティングプログラムがあります。AIを使って物語を書くプログラムです。彼らは11人のSF作家を招待し、AIプログラムとコラボして新しいSF小説を書いてもらいました。これは「共創時代」と呼ばれています。こうした取り組みがうまくいけば、AIと作家の双方をあわせて面白い物語を作れるようになるでしょう。

バイドゥ★が2016年に始めたプロジェクトもありました。SFの父ジュール・ヴェルヌにちなんで名付けられたこのプロジェクト〝Baidu Verne Institute〟は、トップの科学者とSF作家を結びつけるというもので、劉慈欣、ブライアン・デイビッド・ジョンソン、ケン・リュウ★などのSF作家が最初のメンバーでした。2016年の活動では、劉慈欣とAI専門家のアンドリュー・ン氏が、AIの未来について対話していました。

宮本　中国では様々な形で企業とSFが連携されているのですね。

張　SFを利用するということは、SFの作品・作家・アイデアを、技術・社会・経済の発展のための方法として利用するということです。SFは教育、宣伝、広報などにも利用できます。

地域の経済開発についての例を挙げましょう。地方自治体の中には、観光経済の発展のためにSFを利用したいと考えているところもあります。例えば青海省の蓮

シノベーション・ベンチャーズ
中国のベンチャーキャピタル。Google中国法人の社長も務めた李開復が2009年に設立。

バイドゥ
中国のテクノロジー企業。中国最大の検索エンジン「バイドゥ」を開発・運営。

ケン・リュウ
（1976-）
アメリカの作家。中国系アメリカ人。2012年、短篇「紙の動物園」でネビュラ賞、ヒューゴー賞、世界幻想文学大賞を受賞し、史上初の三冠を達成した。『三体』の英訳など、中国SFの翻訳家としても活躍。

湖という小さな町では、１９６０年代、１９７０年代に石油基地が建設されましたが、石油が枯渇するにともない放棄されてしまいました。そこで自治体が観光地にしようと考えて、観光会社と、ＳＦ文化の会社「エイト・ライト・ミニット」とコラボしました。このコラボレーションではＳＦ小説のコンテストが開催され、ＳＦ作家や一般の人たちが蓮湖についての物語を書きました。この土地の地形は火星によく似ていて、火星のキャンプのようなカプセルキャンプも建設されていたので、この町と火星に関連した物語が求められたんです。コンテストは非常に成功して多くの人の目に留まり、この小さな町は神秘的な火星のようなアトラクションとしてブランド化されました。火星に興味のある人は、この新しい町に行って、火星を歩いてみたり、カプセルキャンプで生活してみたり、そういう体験ができるようになっています。何もしなければ小さな町は確実に消えてしまう。でも彼らは、ＳＦの助けを借りて町をアトラクションにするという、素晴らしいアイデアを持っていました。こういったプロジェクトは他の場所でも行われています。

呉　最近では政府もＳＦに注目しています。二つの例があります。ひとつは２０１７年のものです。政府は毎年、ＳＦの年次全国会議に投資しています。最初の会議では、中華人民共和国の国家副主席がその会議に参加し、冒頭でこう話しました。「私はＳＦのファンです。この会議に参加して、中国のＳＦの発展に貢献したいです」と。
　二つめの例はちょうど今年、国家電影局と中国科学技術協会が発表したものです。中国のＳＦ映画で科学技術を推し進めるものには、一部免税などの措置を取るという内容でした。こうしたものが政府の支援にあたるでしょう。

張　ＳＦ作家が新しい国有企業の中に入っていくという例もあります。民間のＳＦ文化企業である「未来事務管理局」と政府機関とが主催しているプロジェクトで、２０１９年にＳＦ作家のグループが、発電所や鉄道工学設備会社のような主要な国有企業のいくつかに招待されました。訪問中、彼らは企業の科学者やエンジニアとコミュニケーションをとり、そのインスピレーションに基づいて物語を書きました。その中には大企業の新技術開発の影響を受けたアイデアが書かれているものもあります。科学者やエンジニアとＳＦ作家との間のコミュニケーション自体もひとつのポイントですし、彼らが生み出した物語が、新世代の学生やエンジニアにとって、技術開発にかかわるためのインスピレーションになるかもしれないというのもポイントです。これが将来的に双方向のコミュニケーションになれば、科学技術開発はＳＦ作家を刺激して物語を生み出し、その物語がまた新しい世代を刺激するという、ＳＦと科学技術開発のサイクルを完成させることができると思います。

難波　政府や企業の期待と、実際の作家が行うＳＦプロトタイピングのアウトプットについて、ギャップはあるでしょうか？

呉　政府がやりたいことと私たちがやりたいこととの間には大きなギャップがあると思います。中国ＳＦの歴史を見ても、政府や知識人は、ＳＦが科学を教えたり、科学を伝えたりすることを望んでいますが、ＳＦ作家は常にそれに反対していて、ＳＦとはもっと広い意味でのものだと思っています。１９８０年代に入ってからも、エセ科学であるとしてＳＦを批判する動きがありました。今でもこのような考え方があります。だからこそ、それは違うんだよ、と伝えるようにしています。

以前、私が劉慈欣さんを大学に招待したときのことです。彼は過去にこう言われたことがあると語っていました。「サイエンス・コミュニケーションは第一段階にあります。これが成長すれば、ＳＦも成長するでしょう」と。ＳＦを道具だと思っている人がいるのです。しかし、ＳＦは道具ではなく技術であり、その中にある人間の精神だと言いたいですね。

ＳＦファンが熱ければＳＦ研究も熱い

大澤　中国では、大学でどのようにＳＦが研究されていますか？　また、ＳＦ作家やＳＦファンは大学とどのように連携しているのでしょうか？　例えば、中国の大学にはＳＦ研究会が多い印象があります。

張　ＳＦ研究は近年学術的に注目されています。ここ数年、中国では毎年ＳＦに関する研究論文が１０００本以上発表されているという統計もあります。10年前や20年前に比べて、ものすごい勢いです。研究センターとしても、深圳の南方科技大学にある想像力センターや、昨年できた四川大学ＳＦ研究センター、また、今年北京に設立されたばかりの中国ＳＦ研究センターなどがあります。今、中国ではＳＦ研究が非常に熱い。

注目すべきは、若くて著名な研究者が元々ＳＦファンで、大学でＳＦの勉強を始め、ＳＦの学位を取得し、ＳＦの専門家として研究機関に入ってきたというケースがあることです。ＳＦは若者や大学生の間でますます人気が高まっているので、ＳＦ作家が大学で講演をしたり、ＳＦ関連の研究プロジェクトに参加したりするのは非常に自然なことです。大学生のＳＦ研究サークルは、最近の数字では１００以上あるようです。中国のＳＦ研究コミュニティは非常に強く成長し続けています。

大澤　なぜ今、中国がＳＦに注目しているのか興味があります。人々がＳＦに興味を持つようになった具体的なきっかけがあるのでしょうか？

張　中国でのＳＦブームは、いくつかの要因があると思います。劉慈欣の『三体』の出版はきっかけのひとつで、彼の小説を原作とした映画『流転の地球』も非常に高い興行収入を得ています。その人気の中で、彼がアジア人作家として初めてヒューゴー賞★を受賞しました。これらがきっかけでSFが世間に知られるようになったのです。また、この背景には、ここ10年、20年の中国の科学技術の発展があると考えています。SFブームは、中国の技術や科学の急速な発展に対応しています。中国の人々は、より多くの経験を積み、新しい技術に触れ、私たちの周りにSFの世界があると感じているのです。当然、作品が中国の現実を反映しているということもあるでしょう。

大澤　「科普小説」という概念についても質問させてください。中国SFは、科学幻想小説という意味の「科幻小説」と、科学普及小説という意味の「科普小説」の二種類に分けられると聞いています。後者は日本人にはあまり知られていないのですが、SFプロトタイピングの発想に近い部分もあるように思えます。この二つの小説がそれぞれどのように人々に影響を与えてきたのか、また、二つの異なる小説スタイルの関係はどのようなものなのか、詳しく説明していただけますか？

張　それについて話すためには、中国におけるSFの歴史の初期に遡らなければなりません。SFの概念は、1900年代の清朝末に中国に導入されました。この言葉ははじめ、文字通り「科学小説」と翻訳されたので、人々はこの種の小説は科学についてのものだと考えました。そして清朝末期には科学教育が望まれていたので、

ヒューゴー賞
1953年に創設されたSF・ファンタジー文学賞。毎年の世界SF大会（ワールドコン）に参加登録したSFファンの投票によって決定される。賞の名はヒューゴー・ガーンズバックにちなむ。

人々はこの概念に興奮しました。

　1949年以降、新しい訳語の「科幻小説」が使われ始めました。〝科学〟、〝幻想（ファンタジー）〟、〝小説〟の3つの単語が入っていますが、これは当時ソ連で使われていた科学幻想小説（ナウーチナヤ・ファンタスチカ）という用語が元になっています。中国SFの初期には、SF＝科幻小説を使って、国民、とくに子供たちに科学を普及させようというのが主な考え方でした。こうして1950年代、1960年代を通じて、この概念が広く使われるようになりました。

　その後、1970年代、1980年代には、文化大革命の前も後も科幻小説という概念は非常に人気がありました。しかし、1980年代初頭に、この概念の中に内在していた対立が表面化しました。科学の普及はSFの重要な部分であり機能ではあるが、それがSFの創作を制約すべきではないとして、SFコミュニティは新しいスタンダードを求めて戦い始めたのです。いま、自分の作品を科学小説や科普小説と呼ぶことにこだわる作家は、ごく少数です。

　現代中国のSF作品には科普小説の原型的な要素が存在しているという意見には同意します。あるいは、言い換えれば、多くのSFプロトタイピング作品は、科普小説と非常によく似た読まれ方をしています。なぜなら、これらの作品の使命は、ある特定の技術やイノベーションを未来に投影すること、その社会的な意義を推測することだからです。物語、プロット、キャラクター、環境など他のすべてのものは、すべてこの使命を中心に構築されるのです。

大澤　中国の銀河賞★はカテゴリーが幅広く、多くの人が話題にしていると思いますが、このような戦略はSFの人気を高めるのにどのように役立っているのでしょうか？

張　SF賞についてですね。偶然にも、私は政府のためにSF賞の開発方法についての政策文書を書いたところです。私の主な見解は、銀河賞や中国星雲賞★のような既存のSF賞は、優れたSF作家や物語を世間に知らしめる上で重要ではありますが、SF業界全体の発展をリードするにはまだ十分ではありません。銀河賞や中国星雲賞には映画やゲームに関する部門がありますが、それらの業界の特許を持っている人たちは、賞にあまり参加していません。

そこで、映画賞やゲーム賞などの専門的な賞を設けて、業界の才能を表彰し、業界の人たちを巻き込んで、映画やゲームなどのSF関連のクリエイティブな作品をもっとつくりたいと思ってもらえるようにすることを私は提案しています。SFというジャンルは、すでに中国の大衆文化や日常生活に浸透しています。だからこそ、人々がこの業界に参加することを奨励するために、新しい賞を設ける時期に来ているのです。もちろん、これらの賞を実際に機能させるためには、分野を越えた協力

銀河賞
1985年に創設された中国のSF賞。雑誌『科幻世界』が主催。

中国星雲賞
2010年に創設された中国のSF賞。世界華人科幻協会が主催。

が必要です。政府がこの賞のプレゼンテーションや組織に関与することによっても、分野を越えたコラボレーションが実現し、業界全体の発展に何らかの影響を与えることができるのではないかと期待しています。

大澤　アメリカでは、ＳＦファンダムや各種の賞とＳＦプロトタイピングの関係はどのようなものでしょうか？　とくにヒューゴー賞が多様性を強調していることにも興味があります。

ワイリー　賞に関してですが、私たちと一緒に取り組んだ作品で受賞した作家がいました。これは作家と仕事をしていて嬉しかったことのひとつです。

ファンダムについては、数年前に「Crowd Futures」と呼ばれるプロジェクトを行いました。「これはどんな物語にするべきか？」「テーマはどうあるべきか？」といった質問をインターネット上に公開して、人々に投票してもらうというものです。作者は大きな決定を一般の人々に委ね、そこから物語が生まれてくるのです。最終的な作品だけでなく、時には制作過程でも、ファンダムを巻き込める方法があるのです。

ＳＦプロトタイピングを特権階級のものにしないために

宮本　ワイリーさんはＳＦワークショップを開催する中で気を付けていることはありますか？

ワイリー　重要なのは「どんな人に参加してもらうか」ですね。私たちのやり方をあまりよく知らない人には、事前に、他の人たちと共同で仕事をするプロセスを説明します。そのアイデアをエキサイティングに捉えてくれる作家もいますが、なかには「いや、それは私の仕事ではない、私は小説をひとりで書きます」と言う作家もいます。もちろんそれは間違っているわけではなくて、誰もがそれぞれのやり方を持っていると思います。だから、プロセスを透明で明確にして、それをエキサイティングな挑戦と捉えて参加したいと思う人を探すことが重要ですね。

大澤　ワークショップに参加する人を選ぶ際に、コツなどはありますか？

ワイリー　必ずしも特定の専門知識を持っている必要はありませんが、プロジェクトにワクワクできて、アイデアを出してくれる人を求めます。チームを結成する際には、グループ内のニーズは何か、そのニーズを様々な要素で満たすにはどうすればいいのか、プロジェクトの多様性とインパクトを広げるために様々なコミュニティグループをどのように巻き込んでいけるのか、ということをいつも考えています。

作家以外の他のコミュニティと一緒に活動するときも、同じように、熱意を持って制作プロセスを楽しんでくれる人を探しています。異なるグループを組み合わせるときに重要なことは、ワークショップの前に「何を期待しているのか」をあまり伝えないことです。成功の秘訣のひとつは、「真のコラボレーション」です。「飛行機の未来について考えてみましょう」と事前に言っておくと、みんなが多くのアイデアを思いついてくれますが、どうしても自分のアイデアを出してしまいがちです。アイデアの所有権を感じてしまう。しかし、ワークショップの内容を事前に伝えないようにすると、アイデアはより生産的になり、新しいアイデアを出してくるだけでなく、他の人のアイデアにも耳を傾けるようになります。私たちがワークショップを開催する際に求めるのは、何が来るのかワクワクして少し緊張しながら、そこから生まれてくる会話にオープンになってほしいということなのです。

大澤　そういったワークショップやアウトプットには、これまでどのような反応がありましたか？　SFプロトタイピングが実際にうまくいったかどうかを評価するための指標、あるいは、それを確認するためのフォローアップ研究のようなものはあるのでしょうか。

ワイリー　まさにそこは現在の研究と今後の研究の領域で、いくつかの結果が見えてきたところです。

まず、異なる経験や方法論を持つ人々が集まり、会話やコラボレーションを行うことで、両方の分野を横断した新たな洞察につながるという考えは、非常に有望だと感じています。まだ強力な実証的データはありませんが、ワークショップ参加者は「また開催してくれないか」とよく尋ねてきてくれますし、それが自分の仕事について考える方法を形作ったと話してくれる傾向があります。

ＳＦプロトタイピングだけでなく、一般的な物語やフィクションの活用を評価するための計測法を考えるというアイデアは、私自身がもっと追求したい研究分野です。例えば私は先日、気候変動に関するフィクションを読むことの影響についての記事を見たのですが、それによると、気候変動に関するフィクションを読むことで、気候変動に対する人々の信念や態度が変化し始めたというのです。しかし残念なことに、その変化は時間の経過とともに消えていく傾向がありました。ここからわかるのは、ＳＦは変化の始まりを促すことができるが、その後のフォローアッププログラムが必要になるということです。ＳＦや物語は一般的にインスピレーションを与えてくれますが、それを最大限に活用するためにはフォローアップが必要です。

張　似たような話で最近、心理学者の論文を読みました。みなさんは「不気味の

不気味の谷
人間に似せた顔形をもつロボットに対する、人間の感情についての仮説。1970年にロボット工学者の森政弘が提唱した。

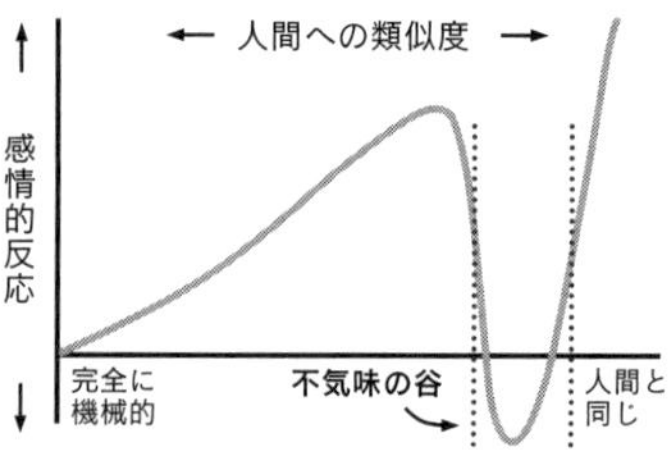

谷★」の話を聞いたことがありますよね？　ロボットに対する人間の反応の話ですが、これに関する研究論文でした。その心理学者は被験者にＡＩやロボットの映画やストーリーを鑑賞してもらう実験をしたんです。するとその後、被験者はロボットに対して印象が良くなったり、ＡＩに同情するようになったりして、不気味の谷もそれほど急ではなくなったそうです。こういった肯定的な反応も時間が経てば消えていくのかもしれないですが、ＳＦが人間の心理に与える影響の目安になるかもしれないと思いました。

大澤　最後にＳＦプロトタイピングの未来について伺わせてください。ＳＦプロトタイピングのアプローチは、ＳＴＥＭ教育★や多様性にどのように関係し、どんな挑戦と課題があるのでしょうか？

ワイリー　現場で直面している課題をいくつかまとめてみましょう。まず、物語に含まれる人々の多様性と代表性を高めることが課題です。未来についての物語を読んでも、そこに自分自身が登場していなければ、ワクワクすることはできません。そして、登場人物の多様性を広げるだけでなく、物語を作る人々の多様性を広げるにはどうすればいいのかも課題です。

　私が期待しているのは、ＳＦプロトタイピングというツールを、企業や学術の練習としてしか使われていない状況から脱却し、より広くコミュニティに浸透させて、

ＳＴＥＭ教育
Science（科学）、Technology（技術）、Engineering（工学）、Mathematics（数学）を重視し、科学技術分野で活躍できる人材を育てるための政策として、２００９年にオバマ大統領（当時）が発表した。単に理系科目に秀でた人材を生み出すカリキュラムではなく、自分で学び自分で理解する総合的問題解決力を養うことが目的とされる。

本当の疑問やニーズに対応する方法を考えることです。

　私たちは多くのリソースを持っていますが、それらはお金を持っている人たちだけに特権的に与えられている傾向があります。より多様性のあるコミュニティにSFプロトタイピングを導入し、真のニーズに応えるにはどうすればいいのでしょうか。そのために私はセンターで、想像力の応用についてのプロジェクトを立ち上げようとしています。やるべきことはたくさんありますが、同時に、これらのツールを使って持続可能な変化を起こすことができる希望や楽観の理由もたくさんあります。

宮本　SFプロトタイピングには、まだまだ様々な可能性がありますね。

ワイリー　物語が最も強力な点のひとつは、物語が人間中心に語られるということです。多くの場合、SF小説は素晴らしい技術や世界を構築するアイデアを紹介しますが、その核となるのは人間であり、人間が技術に対してどのように反応し、それを使って何をするのかということを描いているわけです。SFを介することで、複雑なアイデアを探求したり、新しいコンセプトを導入したときに起こるかもしれない「意図しない結果」について質問したり、それにまつわる様々な仮定を探求したりするためのプロトタイピングを行えるのです。

　また、実際にそれを作るための技術的な手続きを経ることなく、比較的安価にアイデアを探究できます。「これは良いことなのか？　これはやるべきことなのか？」と問いながら。科学と想像力センターの共同研究者でもあるニール・スティーヴンスンはかつて「良いSFがあれば、パワーポイントでのプレゼンテーションの時間を節約できる」と言っていました。

SFプロトタイピングは共通の言語を開発します。良い物語を作ると、人々はあなたの目標が何であるかを理解し始め、その目標に向かって努力することができます。つまり、未来についての良い物語は、私たちの共通の価値観や共通の目標を反映した共通の言語を開発するのに役立ちます。人々にとって、物語は本当に魅力的です。私は研究論文も書いていますが、研究論文よりもSF小説のほうが幅広い人々に読んでもらえます。よくあることですが、白書や研究論文を読むためには、ある程度の学位や知識が必要です。しかし、SFの物語は、もっと広い範囲の人々を巻き込むことができます。より大きな影響力を持つのです。

張　SFプロトタイピングはとても良いブランドだと思います。2011年以降、この言葉は多くの学者や実務家に取り上げられてきましたが、これは私たちが何かをする上で非常に幸運な言葉だと思います。未来予測をするにしても、未来研究をするにしても、SFで勉強するにしても、SFで地域経済を盛り上げるにしても、この包括的な言葉で方法論を形成することができる。また、私たちがこの実践をブランディングしていくためにも、物事を実現するための努力を前面に出していくためにも、この言葉を使うことができます。近い将来、この言葉を中国で広めていくのが楽しみです。

論考 3

SFプロトタイピングの美学
——真剣なフィクション

難波優輝

I．思考のためのデザイン

ＳＦプロトタイピングは、フィクションを用いて、まだ存在しない未来に潜む問いを見出し、新たな価値を想像するための思考法だ。

ＳＦプロトタイピングの祖先は「デザイン・フィクション」である。ウィリアム・ギブスンとの共作『ディファレンス・エンジン』などで知られるＳＦ作家のブルース・スターリングは『Shaping Future（未来を形作る）』（２００５）にてデザイン・フィクションという概念を提示した後にこう述べている。

デザイン・フィクションとは、変化に対する不信を宙吊りにさせるために、意図的に物語内的なプロトタイプを使用することだ。これがわたしたちが考え出したもっともよい定義になる。重要なのは「物語内的（diegetic）」という言葉だ。世界全体や政治的なトレンドや地政学的な戦略ではなく、潜在的なオブジェクトやサービスについてごく真剣に考え、それらに人々を集中させせようとすることを意味する。デザイン・フィクションはいわゆるフィクションではなくデザインの一種である。デザイン・フィクションは物語ではなく世界を語る。

(Sterling 2012)

物語内的なプロトタイプとは『２００１年宇宙の旅』における iPad によく似た端末、『マイノリティ・リポート』における目の虹彩を用いた認証などを指す。つまりデザイン・フィクションとは、「物語内的」すなわち「フィクションの中の」デザインプロダクトを描くフィクション作品を意味する。この概念はその後イスラエルのデザイン研究者ジュリアン・ブリーカー『Design Fiction: A Short Essay on Design, Science, Fact and Fiction（デザイン・フィクション――デザイン、科学、事実とフィクションについての小論）』（２００９）によって、コンピュータ開発にイメージを与えたフィクションの役割が強調され、さらに、ハリウッドＳＦ映画制作に科学者が果たした役割を論じたデイビット・Ａ・カービィ『Lab Coats in Hollywood: Science, Scientists and Cinema（ハリウッドの中の白衣――科学、科学者、映画）』（２０１１）によって、学術・実践を跨ぐ領域へと拡散していく。

ＳＦプロトタイピングのもう一つの源流に「スペキュラティブ・デザイン」がある。イギリスの英国王立芸術大学院（Royal College of Art）、デザイン・インタラクティブ学科教授であったアンソニー・ダン、フィオナ・レイビー『Speculative Everything』（２０１３）（邦訳『スペキュラティブ・デザイン　問題解決から、問題提起へ。――未来を思索するためにデザインができること』）により人口に膾炙《かいしゃ》したこの概念はいま目の前にある課題解決ではなく、未来をいかに思考するかを問うデザイン実践を意味する。その他にもマット・マルパス『Critical Design in

Context』（2017）（邦訳『クリティカル・デザインとはなにか？——問いと物語を構築するためのデザイン理論入門』）が整理するように、クリティカル・デザインなど関連する様々な実践が存在してきた。

これらの源流に共通するのは「現実から引き離されたデザイン」だということ。つまり、使うためではなく問うためのデザイン、「思考のためのデザイン」へと向かっていく運動。すると、これらを引き継いだSFプロトタイピングとは何だろうか？

Ⅱ. フィクションと物語の力

SFプロトタイピングはフィクションと物語の力を用いる。その力とは、まだ見ぬもののための思考を可能にする力、まさにスターリングが指摘したように、わたしたちの「有り得ない」を括弧に入れ、わたしたちに未来と現在の可能性を想像するように誘う力だ。フィクションは現実に存在しない世界を描く、しかも読者が疑問を差し挟むことを避けながら、ありえそうなありえない世界を作る。

だから、SFプロトタイピングの力は真剣な詐術にある。そこで描かれるプロダクトと社会への影響や変革はその時点では真でなくてよい。もし既に正しいのだとしたら、物語にする理由は、現実を理解する助けになるということしかない。それはプロトタイプではなく、よくできた説明書である。説明書はプロトタイピングではない。

真ではなく真であって欲しい可能な世界を描くこと。それがSFプロトタイピングの本業だ。フィクションに触れるわたしたちはその可能な世界を想像してしまう。そこから未来は変わる。なぜなら未来を作るのはわたしたち一人一人の意志であり、わたしたちは想像のレパートリーの中でしか意志できないからだ。新しい想像を獲得すること、そしてわたしたちが考える世界の数を増やすこと。そこから世界の変容は始まる。そこから世界はもう一度選択され始める。わたしたちがフィクションを読むことで、世界は選択可能になる。世界を決めるのはわたしたちであり、決して既存の誰かの計画書や、流行している技術ではない。

フィクションの力は、想像を、つまり有り得るかもしれないというわたしたちの架空の信念を誘うだけではなく、わたしたちの「架空の欲望」を誘う点にある。フィクションの中のキャラクタは可能な世界の中でわたしたちと同じように幸福に生きることを望み、あるいはわたしたちとは異なる欲望を生きている。わたしたちはこれら架空の欲望をシミュレートする。それはわたしたちが現実に持っている欲望によく似ていたり異質だったりすることで、わたしたちに欲望のレッスンを行う。フィクションに触れる中で「わたしはこんな欲望を抱いていたのか」と驚き、狼狽《ろうばい》さえする経験があるだろう。そのときわたしたちはわたしたちによって見逃されていた自己の欲望に気づかされ、その欲望への対応に迫られる。見なかったことにしていつもの通りに過ごしてもいい。だが、よいフィクションはわたしたちの欲望の変容を促すようにできている。そしてよいSFプロトタイピングもわたしたちを欲望のシミュレートへと誘い、そしてリアルな欲望に気づかせ、欲望の変容を誘う。SFを介してユートピア=ありうべき可能な世界の極北を思考した思想家フレドリック・ジェイムソンは述べる。

ユートピアという様式はそれ自体、徹底的な差異や他者性、社会的全体性のシステムとしての特性について表象を介して考察するものだ。それゆえに、彗星が閃光をきらめかせながら流れるように、まずユートピア的なヴィジョンをほとばしらせることなしに、私たちの社会的存在が根本的に変化すると想像することは不可能なのである。(Jameson 2005)

SFプロトタイピングはもちろんつねにユートピアを描くわけではない。だが、そこにはユートピアへの意志と欲望がかすかではあれ脈動しており、わたしたちはSFプロトタイピングをたんなる現実逃避のためでも広告のためでもなく、わたしたちが望む世界の想像可能性と欲望可能性のために作り続けることができる。

Ⅲ．未来の価値のためのSFプロトタイピング

SFプロトタイピングは他の思考のためのデザインと比較して、そのフィクション性、物語性

を強烈に押し出すことで、触れる者を別世界へと誘う。それは現実逃避ではなく、現実の鏡としての虚構世界なのだ。その鏡に映っているのは、わたしたちが信じることのなかった信念であり、欲することのなかった欲望である。そして、信じられ・欲されることを待っていたかもしれない信念と欲望である。

ＳＦプロトタイピングは本質的に価値に関わる。もしＳＦプロトタイピングがたんに未来の技術の展覧会に陥ったとすれば、それはＳＦプロトタイピングが持つフィクションと物語の力をまるきり無視することになるだろう。その意味で筆者はブライアン・デイビッド・ジョンソン式の技術ドリブンなＳＦプロトタイピング手法に反対する。それは、技術ドリブンな未来学に対するイスラエルのＳＦ研究者ヌデルマンの次の非難の当の対象である。未来学の、

その見せかけは技術主義的で危険なものである。効果的に個人と大衆を操作するために科学を使用している現代の資本主義と社会主義の社会では、未来学はそのような操作のためのツールの一つに過ぎず、選択の自由を防ぐためのものである。それは、現実の知識の代わりに希望に満ちた予測を行い、選択の自由のためには限られた数の「科学的」予測を行い、そして、本当の知識を科学的宿命論にすり替える。（Nudelman 1979）

技術ドリブンであることはなんら価値中立ではない。むしろ現状の価値を未来へとそのまま外

挿するという意味で価値の偏った一つのイデオロギーなのだ。技術のみならず価値を考え続けること。ＳＦプロトタイピングの主役は技術やガジェットではない。それらがまとっていて、そして透明化されてしまっているネガティブな／ポジティブな価値をあらわにして、わたしたちの望む価値を考える手法こそがＳＦプロトタイピングなのだ。

必然的にＳＦプロトタイピングとは価値のプロトタイピングであることになる。こう考えると、ＳＦプロトタイピングには価値を考えるための「哲学」が、倫理学的な思考と美学的思考が必要になる。

これまで哲学者たちは様々な価値について考えてきた。それだけでなく、哲学者たちはわたしたちの価値観を更新させてきた。倫理学者たちは動物への倫理的配慮の必要性について論じ、動物倫理学者たちは苦痛を感じられる存在であるのにたんに人間種でないというだけで適切な倫理的配慮を払わないことを「種差別」だと批判しうる概念を作り出し、あるいは、美学者たちは環境保護において重要な美的価値について論じてきた。フェミニズム哲学は、女性に対する様々な不平等について分析するための概念を作り出す。哲学者たちは概念を作り出すことで世界を変えてきた。こうした営みを反省して、近年では「概念工学」と呼ばれる営みが興隆をみせている。わたしたちが使う概念は現実のプロダクトと同じように、ときにはより甚大な影響をわたしたちの生活にもたらす。もしセクシャル・ハラスメントという概念が存在しない世界があるとすれば？　もし人権という概念が存在しない世界があるとすれば？　それはwebやスマートフォンが存在しない世界と同じくらい、わたしたちの世界とは劇的に異なる世界だ。

プロダクトではなくコンセプトを工学すること。SFプロトタイピングはこうした哲学的な価値思考や概念工学的な思考と切り離せない。倫理的・美的視点、ジェンダー、経済的不平等、障碍の視点——SFプロトタイピングには倫理学的・美学的思考が必要なのだ。

SFプロトタイピングを行うこととは、未来の可能性に魅せられていくことである。それは既存の技術の延長やトレンドの予測ではなく、こうあって欲しい未来に、しかしいまのままでは本当に可能かどうかもわからない未来に自分以外をも誘惑し、その未来を本当にしてしまう真剣な詐欺なのだ。そのときにはわたしたちのユートピアを求める欲望を本当に解放できる。こんなにうまくいくわけはない、机上の空論でしかない、美しい哲学でしかない——そんなふうに思えるものを「もしかしたら本当にできるかもしれない」と思わせたとき、SFプロトタイピングは成功する。

Nudelman, R. 1979. On SF and Futurology. Science Fiction Studies, 6(2), 241-242.
Jameson, F. 2005. Archaeologies of the Future: The Desire Called Utopia and Other Science Fictions. Verso.（フレドリック・ジェイムソン『未来の考古学——第一部　ユートピアという名の欲望』秦邦生訳、作品社、２０１１）

SFプロトタイピングに役立つノンフィクション

SFプロトタイピングに取り組む際に課題となるのは、

（1）想像力の課題：SFプロトタイピングを始めるときにSF的な想像をうまく膨らませられず、これから考えたい価値や未来の可能性を取りこぼしてしまう

（2）物語の課題：SFプロトタイピングが読者を惹きつけない作品になる／物語の強みを活かしきれない

（3）制作の課題：SFプロトタイピングの制作ステップの全体像を捉えられず適切なフィードバックを行えない／SFプロトタイピングによってどんな課題を達成すべきかが共有できない

主にこの3つである。

ここではそれぞれの課題に対して、解決に役立つノンフィクション作品をマッピングした。ぜひ、実際のSFプロトタイピング導入から制作まで役立ててほしい。

	解決策	ブックリスト
想像力の課題	SF 的想像力の可能性を拡張するとともに、そうした想像力を運用するための課題も学べるもの。	『SF 映画で学ぶインタフェースデザイン』 『奇書の世界史』 『2060 未来創造の白地図』 『男たちの知らない女』 『SF の変容』
物語の課題	物語および表現の強みを理解し、物語の力を運用するためのガイドを与えてくれるもの。	『シナリオ・プランニング』 『ストーリーとしての競争戦略』 『なぜ科学はストーリーを必要としているのか』 『たのしいプロパガンダ』 『サイバーミステリ宣言！』
制作の課題	SF プロトタイピング制作プロセスを円滑化するためのテクニックを学び、デザイン的アプローチの意義を理解できるもの。	『アート・イン・ビジネス』 『クリティカル・デザインとはなにか？』 『みんなではじめるデザイン批評』 『行政とデザイン』 『科学コミュニケーション論 新装版』 『ホドロフスキーの DUNE』

SF映画で学ぶインタフェースデザイン——アイデアと想像力を鍛え上げるための141のレッスン

Nathan Shedroff & Christopher Noessel、2012年（安藤幸央監訳、丸善出版、2014年）

SF 映画に登場する、人と人工物をつなぐインタフェースについて、様々な事例を分類し議論した本。タッチパネルや音声認識から、脳波制御、拡張現実、擬人化、医療、性的行為まで、現在の技術につながる多くの事例が SF 映画に登場している。SF プロトタイピング時のグループメンバーで基礎的な知識を共有する際に、この本は役に立つだろう。（大澤）

奇書の世界史——世界を動かす"ヤバい書物"の物語

三崎律日、KADOKAWA、2019年

一冊一冊の本が持ち得る影響力の大きさを示した本。本書で紹介される「奇書」のなかには、圧倒的にマトモでないような本も存在するが、そのどれもが非常に多くの人間を動かすことになるというのが面白い。SF プロトタイピングで書かれる作品も、場合によっては社会に大きな影響をもたらすかもしれないと意識することが大切である。（宮本）

2060　未来創造の白地図——人類史上最高にエキサイティングな冒険が始まる

川口伸明、技術評論社、2020年

2060 年ごろまでに何が起こるか、様々な分野の未来を考察した一冊。未来予想の根拠になる、現時点での技術動向や注目ベンチャー、解析手法なども紹介されている。ショートストーリーも付されており、未来の生活がリアルに想像しやすくなっているのも大きな特徴。SF プロトタイピングを行う際には、様々な未来予想本を読みつつ、それらと異なる未来をどう描くか考えると良いだろう。（宮本）

男たちの知らない女——フェミニストのためのサイエンス・フィクション

マーリーン・S. バー、1993年（小谷真理・鈴木淑美・栩木玲子訳、勁草書房、1999年）

SF プロトタイピングで想像される未来、価値が誰かだけのものであってはつまらない。例えばそれが男性にとってだけよい未来なら。男女の社会的関係を問い直し、それを入れ替えて新たなまなざしを生み出すフェミニストサイエンスフィクションの魅力を論じた本書は、よりゆたかな価値を持った世界を想像するための武器になるだろう。（難波）

SFの変容——ある文学ジャンルの詩学と歴史

ダルコ・スーヴィン、1979年（大橋洋一訳、国文社、1991年）

著名なSF研究家・批評家である著者による、SF理論研究の金字塔。様々な作品を分析しながら、SFファンタジーでもリアリズムの小説でもない、「認識を変容させる」ジャンルとして、SFジャンルの歴史を描き出す。SFをドライブさせる〈新事象（novum）〉の分析にふれることで、巨視的な視点を一気に手に入れることができ、SFプロトタイピングに役立つだろう。（難波）

シナリオ・プランニング——未来を描き、創造する

ウッディー・ウェイド、2012年（野村恭彦・関美和訳、英治出版、2013年）

複数の未来シナリオを描き、それぞれに対応する戦略を考える手法、シナリオ・プランニングが紹介された本。複数の参加者を集め、蓋然性が低い未来まで考察し、具体的なストーリーまで想像するという点では、SFプロトタイピングと似た部分も多い。「一つの遠未来像を主人公視点で深堀りした小説を書く」といったことが念頭に置かれるわけではないが、参考になる手法である。（宮本）

ストーリーとしての競争戦略

楠木建、東洋経済新報社、2010年

人間は物語を使って自分を紹介したり、他者の行為を理解する。こうした考えを企業の競争戦略の分析に用いることで、未来のビジョンを他者と共有するための物語的なアプローチが可能になる。アマゾンやスターバックスといった先行事例を手がかりに、物語が持つ「他者に対して未来を説得する力」に触れることができる。（難波）

なぜ科学はストーリーを必要としているのか——ハリウッドに学んだ伝える技術

ランディ・オルソン、2015年（坪子理美訳、慶應義塾大学出版会、2018年）

アカデミアからハリウッドへキャリアチェンジした著者が、科学におけるストーリーの重要性を説いた本。ハリウッド映画の脚本の方式を参考にして、科学を伝える効果的な枠組みが解説されており、実用性も高い。本書に限らず脚本術指南系の本はたくさん出版されており、複数人でSFプロトタイピングを行う際の雛形として参考になる。（宮本）

たのしいプロパガンダ

辻田真佐憲、イースト・プレス、2015年

政治的・宗教的な宣伝としてエンタメが使われてきた歴史と現代の事例を解説した本。SF プロトタイピングも「エンタメを使う」ものであるため、何も考えず無邪気に肯定するのではなく、「それが何に使われるのか」を理解した上で運用しないと危険である。SF プロトタイピングが今後、本書の事例のように使われないよう、皆が意識せねばならない。（宮本）

サイバーミステリ宣言！

一田和樹・遊井かなめ・七瀬晶・藤田直哉・千澤のり子、KADOKAWA、2015年

ネット上で起こる事件を解決する「サイバーミステリ」という新たなジャンルを定義・紹介した本。ミステリはテクノロジーに起こり得る問題点を描く枠組みとして適していることがよくわかる。SF プロトタイピングの書き方のひとつとして、ミステリ的な構造は役に立つ。企業は問題点を正面から描くことを避けたがるが、ミステリと銘打つだけで違和感なくトラブルを扱えるのだから、これを活用しない手はない。（宮本）

アート・イン・ビジネス——ビジネスに効くアートの力

電通美術回路編、有斐閣、2019年

ビジネスにアートを取り入れる方法やその効果を、豊富な事例と丁寧な調査をもとに分析した本。スペキュラティブ・デザインの話題など、テクノロジーが関連するアート領域への言及も多い。抽象的な議論に終わるのではなく、具体的な情報が次々に示されてゆく良書である。アートを期待や憧れから神秘的な力として扱うのではなく、どこがどう役に立つのかを根拠とともに考える姿勢は大変参考になる。（宮本）

クリティカル・デザインとはなにか？——問いと物語を構築するためのデザイン理論入門

マット・マルパス、2017年（水野大二郎・太田知也監修、野見山桜訳、ビー・エヌ・エヌ新社、2019年）

SF プロトタイピングには数多くのいとこやきょうだいがいる。スペキュラティブ・デザイン、クリティカル・デザイン、デザイン・アート……。これらの家系図を今一度辿ることで、SF プロトタイピングという実践で何ができるか、何が SF プロトタイピングの強みなのかを再確認することは、実践で見える景色を一気に広げてくれるはずだ。（難波）

みんなではじめるデザイン批評——目的達成のためのコラボレーション&コミュニケーション改善ガイド

アーロン・イリザリー＆アダム・コナー、2015年（安藤貴子訳、ビー・エヌ・エヌ新社、2016年）

ウェブサイトやアプリをはじめとするUI・UXデザインをいかにして集団で作り上げてゆくか、成功例と失敗例を具体的に整理した本。すぐに使えるテクニックはもちろん、異なるスキルを持った人々が集団でプロダクトを作る際に重要になる態度についても、やさしく丁寧に解説している。この点は、物語というプロダクトを作るSFプロトタイピングの際にも参考になる。（難波）

行政とデザイン——公共セクターに変化をもたらすデザイン思考の使い方

アンドレ・シャミネー、2019年（白川部君江訳、ビー・エヌ・エヌ新社、2019年）

SFプロトタイピングには、ただたんに衝突のない明るい未来を描くだけではなく、倫理的・美的な価値をめぐる論争的な問いを引き出す力を持たせることも必要になる。その際には、人々の価値の衝突を想像し、読み手を、多様な価値が競い合う場所まで連れて行く必要がある。そのとき、行政と政治の現場の問題とそれを解決するための取り組みを紹介するこの本が手がかりになる。（難波）

科学コミュニケーション論 新装版

藤垣裕子・廣野喜幸編、東京大学出版会、2020年

科学者と市民が良いコミュニケーションを取るためには何が必要なのか、科学技術社会論（STS）の視点から研究された本。「公共事業を実施すると将来どうなるか」といったことをシナリオを作って議論する「シナリオワークショップ」など、様々な実践的手法も紹介されている。SFプロトタイピングには、STSや科学コミュニケーション研究の知見が活かせる部分も多いのだ。（宮本）

ホドロフスキーのDUNE

監督：フランク・パヴィッチ、2013年

途中で制作が頓挫したSF映画『DUNE』について、関係者の証言を集めたドキュメンタリー映画。企画自体は失敗したが、そこで生まれたビジョンは後世のハリウッド映画界に大きな影響を与え、集まったメンバーは別の形で別のプロジェクトを成功させたことが語られる。「失敗した試作品」は必ずしも無駄ではないと教えてくれる一本。（宮本）

ＳＦプロトタイピングのＳＦプロトタイピング
——あとがきにかえて

宮本道人

ＳＦプロトタイピングは今後、大きなムーブメントになる。

それはビジネスの枠にとどまらず、一つの文化になる。

極端なことを言えば、それはＳＦというジャンルよりも大きなものになる。

最後に、そんなＳＦプロトタイピングの可能性について、妄想を交えて展望を語ってゆこう。

ビジネスＳＦの大ヒット

まず、「ビジネスＳＦ」「お仕事ＳＦ」「経済ＳＦ」「企業ＳＦ」といったものが今後世界的に大ヒットする。

ＳＦプロトタイピングは、外部への訴求力が非常に強い。現状オモテに出ているＳＦプロトタイピングのアウトプットには「ビジネスＳＦ」のようにラベルできるものは少ないが、未来社会の動向やそこで働く人々を、それぞれの分野のプロフェッショナルの企業と一緒に細部にこだわって書けば、テレビドラマの『半沢直樹』や『下町ロケット』のようなヒットが狙えるかもしれない。Netflix のドラマ『ブラック・ミラー』などは、すでにＳＦプロトタイピング的な作風で世界的なヒットを記録している。かつて「サイエンス・フィクション」が「スペキュラティブ・フィクション」に拡張していったように、ＳＦプロトタイピングが別の地平にたどり着く可能性は十分にある。

ファンタジープロトタイピングの誕生

ファンタジープロトタイピング、ホラープロトタイピング、ミステリプロトタイピングなど、様々なフィクションプロトタイピング手法も生まれてくる。

これからＳＦプロトタイピングプロジェクトが増えてくると、似たような作品が多くなってくるはずだ。というのも、様々な企業が同じようなリクエストを出してワンパターンにＳＦプロトタイピングを遂行していったら、徐々に「ネタ切れ」になるであろうからだ。そうなってきたとき、レッドオーシャンを力技で勝ち抜くのでなければ、リクエストの出し方を大胆に変える必要が出てくる。例えば「この製品が最も役に立てられるファンタジー世界の設定を考えよう」といったような思考だ。そうして枠組みに囚われず、新しいＳＦプロトタイピング手法を作っていけば、もっと多様な領域にＳＦプロトタイピングは進出してゆける。

10歳からのＳＦプロトタイピング

子どもから大人まで、皆がＳＦプロトタイピングを気軽に行える社会が訪れる。ＳＦプロトタイピングが人気になって、ビジネスの現場だけでなく、小学校から老人ホームまで様々な場所で取り入れられる。それは単に、誰かがそういう方法を教えるということではなく、むしろ子どもや老人と我々が一緒に未来を創造できるスキームを構築するということだ。これまで仕事をしていないような人々は、社会の未来に直接関与しにくい位置にいたが、ＳＦプロトタイピングはそのような人々を未来に直接結びつけられる。

ＳＦプロトタイピングの半自動化

ＳＦプロトタイピングを半自動化するソフトウェアができれば、ＳＦ作家が不在でも、人々はＳＦプロトタイピングを行うことができる。

方法論やファシリテーションの定式化はもちろん、これまでＳＦではどんなアイデアが考えられてきたのかなども収集できると、オリジナルなストーリーを構築するサポートが可能になる。小説執筆ＡＩはまだ難しくても、ガジェットやキャラクターを創る際に参考になるデータベースの作成はそれほど難しくはない。そういったソフトウェアを誰もが使える形にすれば、ＳＦは

「一部の人が読むもの」から「誰もが作るもの」へと変貌する。

超速SFプロトタイパーの発掘

そして、新たなSFプロトタイパーが生まれる。

子どもたちの中から、これまでSFプロトタイパーが生まれる。これまでSF作家として仕事をしてこなかった人々の中から、驚異的な才能が発掘される。筆者自身、一人でSF小説を書くような仕事の経験はないが、SFプロトタイパーとして多数の仕事を受けてきた。そこでは、科学考証、評論、サイエンスライティング、漫画原作といった仕事から得た協働的な経験が活きた。そういった、SF作家ではないSFプロトタイパーが、テクノロジーを駆使して超速で作品を完成させるといったことも起こり得る。

SFプロトタイピングのアベンジャーズ

アメコミの「アベンジャーズ」のように、それぞれの技能を活かし、世界中の問題を解決して回るSFプロトタイピングの一大チームが作られる。

チームプレーは大事である。大学では最近、研究者だけでなくリサーチアドミニストレーターや技術補佐員など、様々な形のプロフェッショナルを大事にするのが学問の発展に重要、といった考え方がある。同じように、SFを「運営」したり「補佐」したりするプロフェッショナルが確立し、作家自身はチームプレーが苦手でも、それぞれにあったコラボの良い形が作れるようになると、ＳＦプロトタイピングは一気に進化する。極端なことを言えば、執筆のためのパワードスーツが開発されたり、奇抜なアイデアを出せるように脳を改造した動物が出てきたり、思考自体がＳＦプロトタイピングになっている宇宙生命体が発見されたり、闇のＳＦプロトタイピングで滅んだ星を光のプロトタイピングで救いに行くチームが作られたりしたら、本当にＳＦな感じになるが、そこまでいかなくても、単にみんなでＳＦを作るカッコいいチームが憧れの対象になる時代が来たら、それだけでも面白いのではないかと思うのである。

以上、あとがき代わりに、筆者の考えるＳＦプロトタイピングの未来を語ってきたが、いかがだっただろうか。

そもそもそれは「未来」というほど遠いものではないかもしれない。

筆者はＳＦプロトタイピングがこのくらいのポテンシャルを秘めているものだと本気で信じているし、筆者自身でこのような未来を作っていきたいと考えている。

「はじめに」で、ＳＦプロトタイピングはＶＵＣＡやコロナ禍で注目度が上がっていると書いたが、これを一過性のブームで終わらせてはならない。

いまはまだ、ＳＦプロトタイピングはほとんど試作品の段階だ。探求される余地はまだまだ残っている。筆者も考えつかないような可能性が引き出され、ワクワクする未来が世界に降ってくるかどうかは、読者の皆さま一人ひとりの肩にかかっている。

付記・謝辞

本書は宮本道人が企画・監修し、難波優輝・大澤博隆と共同で編集を行った。「はじめに」、各章の導入部、三つのリストは、大枠や分担は主に宮本が設定したが、基本的に編者三人で内容を相談し、共同で執筆した。

座談部分は「ＳＦプロトタイピング未来学会議」というタイトルで事前に動画配信を行った。座談①②③④は難波のYouTubeチャンネルで、座談⑤は宮本・大澤がメンバーであるYouTubeチャンネル「Sugoi Fushigi Show」で配信した。ゲストへの質問や進行台本は編者三人で事前に考え、連絡も三人で分担して行った。座談①②③④の調整については難波が果たした役割が、座談⑤の調整については大澤が果たした役割が大きく、宮本は動画企画全体の立案・統括を行った。

座談①②③④の原稿の構成は、ライターの宮本裕人氏に依頼した。つまり宮本裕人氏には本書のかなりのパートを構成頂いたことになる。座談四本をエキサイティングに感じて頂けたのならば、それは宮本裕人氏の手腕に依るところが大きいだろう。

座談⑤の原稿の翻訳および構成は編者三人で行った。中国のＳＦプロトタイピングに関する記述については、上原かおり氏・立原透耶氏にチェック頂き、貴重なご助言を頂いた。呉岩氏を宮本・大澤に紹介下さったのも上原氏・立原氏である。アメリカのＳＦプロトタイピングに関する記述については、西中美和氏にチェック頂き、貴重なご助言を頂いた。ルース・ワイリー氏を宮本・大澤に紹介下さったのも西中氏である。

本書制作時の情報収集にあたっては、大澤が代表を務めるプロジェクト、ＪＳＴ ＲＩＳＴＥＸ ＨＩＴＥ「想像力のアップデート：人工知能のデザインフィクション」(JPMJRX18H6）の支援を受けた。このプロジェクトがなければ、本書は作られなかっただろう。なお、本プロジェクトでは『ＳＦマガジン』にて、ＳＦから受けた影響をＡＩ研究者にインタビューする「ＳＦの射程距離」を連載してきた。ビジネス業界にＳＦが与える影響を考察する本書とは双子のような関係の連載であり、本書を企画するきっかけの一つにもなっている。

また、宮本が本書の構想を進めるなかで、藤本敦也氏・矢代真也氏のそれぞれのＳＦプロトタイピング手法から学ばせて頂いた部分が非常に大きかったことも記しておきたい。お二人から頂いた各種の情報もたいへん参考になった。

早川書房の編集者の一ノ瀬翔太氏には、原稿整理や脚注の作成をはじめ、最初から最後まであらゆる面でサポート頂いた。ほとんどすべての工程を共同で行ったため、実質的に四人目の編者と言っても過言ではない。

最後に、本書に関わって下さった全員に感謝申し上げたい。特に座談に参加して下さった方々や、作例に挙げた作品を共同で制作した方々からは、本書に掲載した部分以外でも様々なご助言を頂いた。皆さま本当にありがとうございました。

以下の QR コードから、各座談のもとになった
YouTube 配信をご覧いただけます。

■**座談１**（ゲスト：佐宗邦威、藤本敦也）2021年2月9日収録

■**座談２**（ゲスト：岡島礼奈、羽生雄毅）2020年12月4日収録

■**座談３**（ゲスト：小谷知也、樋口恭介）2020年11月28日収録

■**座談４**（ゲスト：塚田有那、長谷川愛）2020年12月2日収録

■**座談５**（ゲスト：ルース・ワイリー、呉岩、張峰）2020年12月19日収録

宮本道人（みやもと・どうじん）｜**監修・編著**

1989年生まれ。科学文化作家、応用文学者。筑波大学システム情報系研究員、株式会社ゼロアイデア代表取締役、博士（理学、東京大学）。編著『プレイヤーはどこへ行くのか――デジタルゲームへの批評的接近』、原案担当漫画連載「教養知識としてのAI」（人工知能学会誌）、対談連載「VRメディア評論」（日本バーチャルリアリティ学会誌）など。『ユリイカ』『現代思想』『実験医学』などに寄稿。原作担当漫画「Her Tastes」は2020年、国立台湾美術館に招待展示された。

難波優輝（なんば・ゆうき）｜**編著**

1994年生まれ。美学者、批評家、SF研究者。修士（文学、神戸大学）。専門は分析美学とポピュラーカルチャーの哲学。近著に『ポルノグラフィの何がわるいのか』（修士論文）、「SFの未来予測はつねに間違っていて、だから正しい」（『UNLEASH』）、「キャラクタの前で」（草野原々『大絶滅恐竜タイムウォーズ』解説）。短篇に「『多元宇宙的絶滅主義』と絶滅の遅延」（『SFマガジン』）がある。『ユリイカ』『フィルカル』『エクリヲ』などに寄稿。

大澤博隆（おおさわ・ひろたか）｜**編著**

1982年生まれ。筑波大学システム情報系助教・HAI研究室主宰者、日本SF作家クラブ理事、博士（工学、慶應義塾大学）。専門はヒューマンエージェントインタラクションおよび社会的知能。JST RISTEX HITE プログラム「想像力のアップデート：人工知能のデザインフィクション」リーダー。共著に『人狼知能――だます・見破る・説得する人工知能』『人とロボットの〈間〉をデザインする』『AIと人類は共存できるか？』『信頼を考える――リヴァイアサンから人工知能まで』など。

編集協力：宮本裕人
ブックデザイン：遠藤陽一（デザインワークショップジン）

SFプロトタイピング

SFからイノベーションを生み出す新戦略

2021年6月10日　初版印刷
2021年6月15日　初版発行

＊

監修・編著者　宮《みや》本《もと》道《どう》人《じん》
編著者　難《なん》波《ば》優《ゆう》輝《き》
　　　　大《おお》澤《さわ》博《ひろ》隆《たか》
発行者　早川　浩

＊

印刷所　精文堂印刷株式会社
製本所　大口製本印刷株式会社

＊

発行所　株式会社　早川書房
東京都千代田区神田多町2−2
電話　03-3252-3111
振替　00160-3-47799
https://www.hayakawa-online.co.jp
定価はカバーに表示してあります
ISBN978-4-15-210026-9　C0034